PONS

Super in ...

ENGLISCH 6. KLASSE

von
Miriam Gensty

PONS GmbH
Stuttgart

PONS

Super in ...
ENGLISCH 6. KLASSE

von
Miriam Gensty

Auflage A1 5 4 3 2 / 2012 2011 2010

Produktinfos und Online-Shop: www.pons.de
E-Mail: info@pons.de
Online-Wörterbuch und Online-Bildwörterbuch: www.pons.eu

Redaktion: Stephan Buckenmaier
Logoentwurf: Erwin Poell, Heidelberg
Logoüberarbeitung: Sabine Redlin, Ludwigsburg
Titelillustration: Braingame Publishing GmbH, Michael H. Musal, Wiesbaden
Einbandgestaltung: Schmidt & Dupont, Stuttgart
Tonaufnahmen/Digital Mastering: allegria Musik-/Audioproduktion GbR
Sprecher: Helen Blocksidge, Paul Newcomb
Buddy-Illustrationen Innenteil: Braingame Publishing GmbH, Michael H. Musal, Wiesbaden
Illustrationen Innenteil: Palmer-Lorenz Illustrationen, Rockenberg
Layout: one pm, Petra Michel, Stuttgart
Satz: Digraf.pl - dtp services
Druck und Bindung: Print Consult GmbH, München

Printed in Slovak Republic.
ISBN: 978-3-12-561587-8

So benutzt Du dieses Buch

Mit **PONS Super in Englisch** schaffst du die 6. Klasse in Englisch ganz locker, denn Buddy hilft dir dabei und begleitet dich durchs ganze Schuljahr!

Als dein persönlicher Englisch-Trainer hat Buddy alle wichtigen Themen aus dem Englischunterricht in einfache Übungen gepackt, die leicht zu verstehen und sehr abwechslungsreich sind. Das ganze funktioniert dann wie ein **Lerntriathlon**! Im **Inhaltsverzeichnis** findest du einen guten Überblick über die drei Disziplinen **Grammatik**, **Wortschatz** und **Hörverstehen**. Hier kannst du dir gezielt die Themen aussuchen und trainieren, in denen du fit werden möchtest. Du kannst das Buch aber auch von Anfang bis Ende durcharbeiten. Buddy führt dich durch jedes Kapitel, hilft dir mit seinen Lerntipps beim Lösen kniffliger Aufgaben und macht dich mit drei großen Tests fit für Klassenarbeiten. Wenn du alle drei **Tests** gelöst hast, bekommst du deine persönliche **Urkunde** am Ende des Buches!

www Zusätzliche Informationen und noch mehr Übungsmaterial findest du im Internet unter **www.pons.de/super-in**. Dein persönliches Passwort dafür lautet: **Super-E-6**

Und so sieht dein Training aus:

• Aufwärmübung

Zu Beginn jedes Kapitels ist erst einmal Aufwärmen angesagt! Mit einer kleinen Übung präsentiert Buddy dir das Thema eines Kapitels. Wenn du diese Übung schon gut kannst, dann bist du fit fürs Training! Wenn du hier aber noch einige Schwierigkeiten hast, lies dir einfach Buddys Erklärungen im „Boxenstopp" gut durch und dann kann es weitergehen!

•• Pflicht

In diesen Übungen trainierst du mit Buddys Hilfe die Grundlagen in jedem Kapitel. Wenn du eine Übung geschafft hast, kannst du deine Lösung mit dem Lösungsteil im Anhang vergleichen. Und wenn du die Pflichtübungen richtig gut kannst, kommst du sicher ans Ziel!

••• Kür

Diese Übungen sind oft etwas anspruchsvoller. Aber mit Buddys Lerntipps und etwas Training schaffst du auch diese Hürden und wirst schnell **Super in Englisch**!

Boxenstopp

Bevor es in einem Kapitel mit dem Training richtig losgeht, legst du nach dem Aufwärmen erst einmal einen Boxenstopp ein. Hier kannst du wichtige Regeln selbst entdecken und wiederholen. Buddy erklärt dir auch schwierige Phänomene auf lockere Art, gibt dir wichtige Wörter mit auf den Weg und hilft dir dabei, immer den Überblick über ein Thema zu behalten!

Buddys Lerntipps

Knifflige Aufgaben löst du ganz leicht, wenn du Buddys Lerntipps beachtest! Außerdem gibt dir Buddy hier wertvolle Zusatzinformationen, mit denen du im Unterricht richtig punkten kannst. So macht das Lernen Spaß!

Audio CD

Auf der beigelegten CD hat Buddy viele spannende Texte und Dialoge für dich zusammengestellt, mit denen du dein Hörverstehen trainieren kannst! Zusätzlich findest du auf der CD alle Texte und Dialoge zum Hörverstehen auch noch einmal im MP3-Format für unterwegs. So kannst du dein Training immer und überall fortsetzen!

Tests

In drei großen Tests am Ende jeder Disziplin kannst du deine Lernfortschritte überprüfen. Jeder Test ist so aufgebaut, dass du ihn in 45 Minuten schaffen kannst – wie in einer richtigen Klassenarbeit eben! Nach dem Test kannst du deine Ergebnisse mit dem Lösungsteil im Anhang vergleichen und deine erreichte Punktzahl selbst ausrechnen. Die Auswertung zeigt dir dann genau, welche Fortschritte du schon gemacht hast!

Urkunde

Zum Abschluss deines persönlichen Lerntriathlons durch das Fach Englisch in der 6. Klasse hat Buddy für dich zur Belohnung eine Urkunde vorbereitet. Hier kannst du deine Ergebnisse aus den drei Tests zusammenzählen und so am Ende des Schuljahres dein Gesamtergebnis überprüfen.

Viel Spaß, und Trinken nicht vergessen!

INHALT

Grammatik 6

Wortschatz 54

Hörverstehen 84

1 DIE SATZSTELLUNG IM ENGLISCHEN

- Bevor wir mit der Satzstellung im Englischen anfangen, schauen wir noch einmal nach, ob das mit den Satzteilen noch klappt. Folgende Satzteile sind für die Satzstellung wichtig:

Subjekt (S):	**Wer** oder **was**?
Objekt (O):	**Wen** oder **was**? (Akkusativobjekt)
	Wem? (Dativobjekt)
Verb (V):	Was **tut** das Subjekt?
Zeitangabe (Z):	**Wann** wird etwas getan?
Ortsangabe (OT):	**Wo** wird etwas getan?

Jetzt bist du dran: Versuche nun, die einzelnen Satzteile unten zu bestimmen. Trage dazu jeweils die entsprechenden Abkürzungen der Satzteile in die Klammern ein. Das Beispiel zeigt dir, wie es funktioniert.

1. Last week (**Z**) my sister (**S**) went (**V**) to Paris (**OT**).
2. My grandmother ( ) is knitting ( ).
3. My uncle ( ) married ( ) my aunt Patty ( ) 20 years ago ( ).
4. Tim ( ) bought ( ) me ( ) a flower ( ) yesterday ( ).
5. Yesterday ( ) my mother ( ) bought ( ) a new shirt ( ).
6. My mother ( ) bought ( ) a new shirt ( ) in the shop ( ) yesterday ( ).

BOXENSTOPP

Fällt dir bei der vorherigen Übung etwas auf? Achte einmal auf die Reihenfolge der Satzteile und ergänze dann die untenstehende Regel.

Anders als im Deutschen gibt es im Englischen eine **feste** Satzstruktur, die du **immer** beibehalten musst. Diese Satzstruktur sieht folgendermaßen aus:

(Zeit) ________ Verb (________) (Ort) (________)

Subjekt und Verb müssen in jedem Satz vorhanden sein. Wenn Objekte, Orts- und Zeitangaben im Satz gebraucht werden, werden sie besonders platziert: Zeitangaben können entweder ganz vorne oder ganz am Ende des Satzes stehen. Der Ort kommt immer vor der Zeitangabe.

Zeitangaben stehen fast nie in der Satzmitte! Eine Ausnahme bilden Zeitangaben aus einem Wort, die mit dem Simple Present gebraucht werden, wie z.B. **sometimes, usually, never, ever, always** oder **often**. Diese kannst du in der Satzmitte vor dem Vollverb platzieren.

•• Bringe die folgenden Satzteile in die jeweils richtige Reihenfolge.

1. never / some people / go / to church.

____

2. some magazines / Carol / is reading / in her room.

____

3. California Day / celebrate / the Americans / every year.

____

4. writes / Phillip / every day / her / a little message.

____

5. The Millers / go swimming / always / in summer.

____

•• Lies dir die folgenden Sätze durch und entscheide, ob sie richtig oder falsch sind.

	Richtig	Falsch
1. I sometimes listen to music in the evenings.	☐	☐
2. She went last summer to Venice.	☐	☐
3. Frances has always liked pancakes with ice cream.	☐	☐
4. Valerie goes everyday to school.	☐	☐

••• Wenn du jetzt noch die folgenden Sätze ins Englische übersetzen kannst, dann hast du die Satzstellung im Englischen drauf!

1. Mary geht jeden Dienstag ins Kino.

____

2. Lara und Sophie sind letzte Woche 13 Jahre alt geworden.

____

3. Millie liest gerade ein Buch in ihrem Zimmer.

____

4. Ich schaue niemals vor 6 Uhr abends fern.

____

2 DIE ZEITEN

2.1 Simple Present und Present Progressive

Simple Present	Present Progressive
Mr. Smith **works** here.	Please don't make so much noise. I **am trying** to read a book.
Lisa always **gets** up at 7 o'clock.	Where is Jennifer? – She **is speaking** to Susan on the phone.
Wayne never **tells** the truth.	Look! Frank **is coming** over.
Water **freezes** at zero degrees Celsius.	Sarah **is revising** for her exams at the moment.
Tom **plays** the piano.	

BOXENSTOPP

Schau dir die Beispiele oben genau an und vervollständige die Regel:

regelmäßige Ereignisse — wissenschaftliche Fakten — gerade ablaufende Ereignisse — nie eintretende Ereignisse

Das Simple Present verwendet man für ______________ und ______________.
Hierzu gehören auch Berufsbezeichnungen und Hobbys. Auch ______________ werden mit dem Simple Present ausgedrückt. Das Present Progressive verwendet man dagegen für ______________.

Los geht's! Setze die Verben in Klammern in der jeweils richtigen Zeit ein.

1. I'm sorry. I can't understand you. You ______________ (to speak) too fast.
2. What's his job? – He ______________ (to work) in a restaurant. He is a waiter.
3. What ______ Sandra ______________ (to do)? – She ______________ (to repair) her bike.
4. Are you crying? – Yes, I always ______________ (to cry) when there is a happy ending.
5. Did you watch TV last night? – No, I never ______________ (to watch) TV.
6. The moon ______________ (to circle) around the earth.

Das Simple Present ist mit der Infinitivform des Verbs identisch. Aber aufgepasst: Bei **he, she** und **it**, das **s** muss mit!

•• Lies dir die folgenden Sätze durch und entscheide, ob sie richtig oder falsch sind. Vergleiche deine Antworten mit dem Lösungsschlüssel.

	Richtig	Falsch
1. He sometimes goes to school alone.	☐	☐
2. What are you doing? – I read a book.	☐	☐
3. Water boil at 100 degrees Celsius.	☐	☐
4. Lara never finishes her homework before 9 o'clock in the evening.	☐	☐
5. These plants are dead. My mother never water them.	☐	☐

••• Übersetze nun die folgenden Sätze ins Englische.

1. Was machst du? Schreibst du eine E-Mail?

____

2. Frank spielt Fußball. Es ist sein Hobby.

____

3. Wo ist Michael? – Er führt seinen Hund spazieren. (**to take the dog for a walk**)

____

4. Susan und Manuel mögen Computerspiele.

____

5. Miriam fährt jeden Morgen mit dem Fahrrad zur Schule.

____

6. Die Sonne geht jeden Tag auf. (**to rise** = *aufgehen*)

____

2.2 Das Present Perfect

• **Sarah:** Have you ever been to Paris?

Simone: No I haven't. I would like to see the Eiffel Tower. Have you seen it yet?

Sarah: No I haven't. I have never been there, either. My friend Nora has been there twice. She has visited so many countries and has seen so many places already.

BOXENSTOPP

Das Present Perfect wird mit **have/has** + **Past Participle** gebildet und gehört zu den Gegenwartszeiten. Es beschreibt einen Zustand oder eine Situation, die in der Vergangenheit begonnen hat und bis jetzt andauert. Der Zeitraum ist also noch nicht abgeschlossen. Signalwörter für das Present Perfect sind **yet, not yet, already, so far, just, ever, never** sowie **for** und **since**.

I have never been to India. — *Ich war noch nie in Indien.*

→ Zeitraum hält noch an.

Miles has written 3 novels so far. — *Miles hat bis jetzt 3 Romane geschrieben.*

→ Zeitraum ist nicht abgeschlossen.

Eine andere wichtige Verwendung liegt vor, wenn das Ergebnis einer Handlung zu sehen ist:

Oh no! Where is my key? I think I've lost it. — *(Der Schlüssel ist im Moment nicht da.)*
Lucy! What have you done? - I have broken my arm! — *(Der Arm ist eingegipst.)*
Look! Mike has fallen off the ladder! — *(Mike liegt auf dem Boden vor der Leiter.)*

•• Versuche nun erst einmal, die richtigen Zeitformen in die Lücken einzutragen.

1. Mr. Turner ____________ (to be) ill since Christmas.
2. Look! I ____________ (to find) a pen on the floor.
3. What ____________ (you, to do)? - I ____________ (to break) my arm.
4. She ____________ (to live) here for 3 years.
5. I ____________ (never, to be) to America.
6. I ____________ (to know) Sally since I was 10 years old.
7. Tom ____________ (to play) tennis since he was a little boy.
8. The Smiths ____________ (to have) this dog for 8 years.
9. ____________ (you, ever, to see) a ghost?
10. You are too early. I ____________ (not yet, to finish) the cooking.
11. Does your uncle live in London? - Yes he ____________ (to live) there since 1981.

Since und **for** kann man im Deutschen mit *seit* übersetzen. Im Englischen macht man jedoch einen Unterschied im Gebrauch, den wir aus der deutschen Sprache nicht kennen. **Since** und **for** zu unterscheiden ist aber gar nicht so schwer, wenn du dir merkst, dass der **Punkt** auf dem **since** für einen Zeit**punkt** (**last week / month / year, yesterday, I was born, ...**) steht und **for** für einen Zeit**raum** (**2 days / weeks / years, a long time, ages, ...**).

•• Probieren wir doch gleich einmal aus, ob du den Unterschied verstanden hast. Ergänze **since** oder **for**.

I haven't seen her...

1. ... ________ last Christmas.

2. ... ________ a very long time.

3. ... ________ she got married.

4. ... ________ April 4th, 1987.

5. ... ________ two weeks.

6. ... ________ 4 o'clock.

7. ... ________ she got married.

8. ... ________ we left school.

9. ... ________ my birthday party.

10. ... ________ ages. (= *ewig*)

•• Laura hat in 3 Tagen Geburtstag. Hier ist eine Liste mit Dingen, die sie schon erledigt hat ✔ und Dingen, die sie noch nicht erledigt hat ✘. Bilde Sätze im Present Perfect, in denen du beschreibst, was Laura schon oder noch nicht gemacht hat.

1. Laura has invited friends from school.

2. ____________________

3. ____________________

4. ____________________

5. ____________________

6. ____________________

7. ____________________

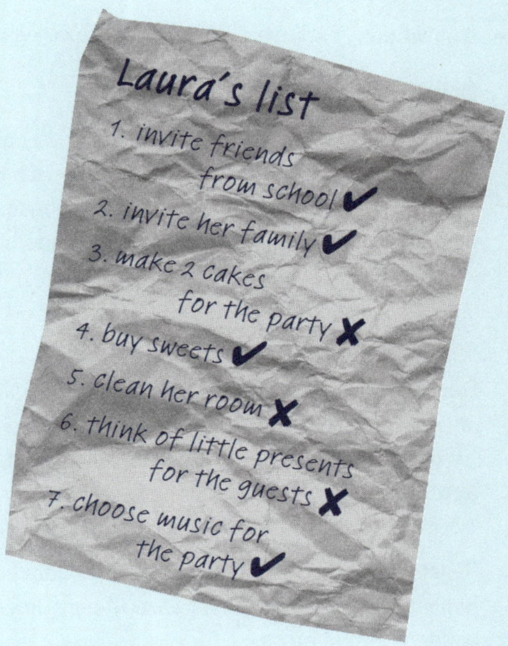

••• Jetzt wird es etwas kniffliger. Versuche, die folgenden Sätze ins Englische zu übertragen. Achte dabei auf die richtige Bildung der Zeit, den Unterschied zwischen **since** und **for**, und natürlich auf die Satzstellung.

1. Ich kenne Robert seit 8 Jahren.

____

2. Meine Mutter war noch nie in Australien.

____

3. Meine Mutter war noch nicht in Australien.

____

4. Was hast du denn gemacht? – Ich habe mir das Bein gebrochen.

____

5. Schau! Mike hat sein Bild fertiggestellt.

____

6. Wir wohnen hier schon ewig.

____

7. Die Connors haben dieses Auto schon seit 1991.

____

2.3 Das Simple Past

• Lies dir den Text über Daniel Defoe aufmerksam durch und markiere alle Verbformen.

Daniel Defoe

Daniel Defoe was an English author. He was born in London in the middle of the 17th century and died in April 1731. He married a very rich English woman whose name was Mary Tuffley. They had 8 children together. Only 6 of those children got older than 18. His most important novel was *Robinson Crusoe*. This novel made him very famous.

BOXENSTOPP

Das Simple Past beschreibt Ereignisse, die in der Vergangenheit geschehen sind. Wichtig hierbei ist, dass der **Zeitraum abgeschlossen** ist, in dem das Ereignis stattgefunden hat. Signalwörter für das Simple Past sind zum Beispiel **yesterday, last week, two days ago, last year, two hours ago**, etc. Auch nacheinander einsetzende (chronologische) Handlungen in der Vergangenheit werden im Simple Past ausgedrückt.

Regelmäßige Formen des Simple Past bildest du, indem du **-ed** an den Infinitiv des Verbs anhängst. Es gibt jedoch eine ganze Menge unregelmäßige Formen, die man nicht ableiten kann, sondern lernen muss.

•• Schreibe die passenden Formen des Simple Past hinter die Verben.

Infinitiv	Simple Past
1. to go	
2. to walk	
3. to talk	
4. to see	
5. to be	
6. to do	
7. to sing	
8. to feel	
9. to say	
10. to drink	

Es gibt eine Gruppe von Verben, deren Formen im Simple Past sich in der Aussprache sehr gleichen, aber unterschiedlich geschrieben werden – mit **-aught** oder mit **-ought**. Dazu ein kleiner Tipp: Wenn der Infinitiv ein **-a-** enthält, dann taucht das **-a-** im Simple Past und im Past Participle wieder auf. Ansonsten schreibst du **-ought**:

to teach – taught – taught **to bring – brought – brought**
to catch – caught – caught **to think – thought – thought**

•• **What happens next?** Ergänze die folgenden Sätze mit dem jeweils passenden Verb im Simple Past.

to strand *(stranden)* | **to find** | **to be** | **to leave** | **to try** | **to wreck** *(untergehen)*
to teach | **to count** | **to name** | **to convert** *(bekehren)* | **to teach**

1. Robinson Crusoe ____________________ England in September 1659.

2. His ship ____________________ in a storm and he ____________________ on a lonely island.

3. He ____________________ to escape from the island but he was not successful.

4. He ____________________ alone for many years and ____________________ the days by making marks into a piece of wood.

5. One day he ____________________ another man on the island and ____________________ him Friday.

6. He ____________________ him English and ____________________ him to Christianity.

7. Friday ____________________ Robinson how to fish.

••• Jetzt wird's etwas schwieriger. Übersetze nun die nachfolgenden Sätze ins Englische. Achte dabei auch auf die Satzstellung!

1. Vor einer Minute war es dunkel.

____

2. Ich habe gestern zu meinem Geburtstag viele Geschenke bekommen.

____

3. Mary hat letzte Woche ihre Tante in New York besucht.

____

4. Daniel Defoe hat in seinem Leben viele Geschichten geschrieben.

____

5. Letztes Jahr sind wir nach England gefahren.

____

6. Wir haben vor 20 Minuten Mittag gegessen.

____

7. Gestern hatte ich keine Zeit.

____

8. Als er jung war, war er sehr klein.

____

2.4 Vergleich Present Perfect und Simple Past

• Vergleiche die beiden hervorgehobenen Sätze miteinander und finde heraus, worin der Unterschied zwischen dem Present Perfect und dem Simple Past besteht.

He was ill last week. → He is healthy now.
He has been ill since last week. → He is still ill.

BOXENSTOPP

Versuche nun, die Regel für die Verwendung dieser beiden Zeitformen zu vervollständigen.

Noch einmal zur Erinnerung: Das ____________ beschreibt Handlungen, die in der Vergangenheit abgeschlossen sind. Das ____________ beschreibt dagegen Handlungen, die noch Auswirkungen auf die Gegenwart haben, also noch nicht abgeschlossen sind. Auch das ____________ einer Handlung kann im Present Perfect stehen.

•• Unterstreiche in den folgenden Sätzen die Signalwörter für das Simple Past rot und die Signalwörter für das Present Perfect grün.

1. Sarah had a party last weekend.
2. We haven't finished our homework yet.
3. Have you ever had an accident?
4. I've never liked red.
5. The Millers went to the USA last holiday.
6. You've already had two pizzas.
7. I went shopping with my friend yesterday.
8. I have known Silvia for many years.
9. They built this school in 1891.
10. The shops closed half an hour ago.

Achte beim Lernen der unregelmäßigen Verben im Englischen immer darauf, dass du die Grundform (Infinitiv) zusammen mit den Formen des Simple Past und des Past Participle lernst.

•• Trage die Signalwörter aus der vorigen Übung in die Tabelle ein.

Signalwörter für das Present Perfect	Signalwörter für das Simple Past

•• Übersetze die Signalwörter aus der vorangegangenen Übung ins Deutsche.

Übersetzung Signalwörter Present Perfect	Übersetzung Signalwörter Simple Past

•• Nachdem du die Signalwörter wiederholt hast, versuche nun mit deren Hilfe die richtigen Verbformen in die Lücken zu schreiben.

1. Laura ____________________ (to buy) a newspaper yesterday.
2. ____________________ (you, ever, to watch) "Britain's Got Talent" on TV?
3. I ____________________ (to be) a good swimmer since I was a little girl.
4. My sister ____________________ (to be) ill since Christmas.
5. Conny ____________________ (to wash) her hair half an hour ago.
6. We ____________________ (to live) in this house for ages.
7. Tom ____________________ (to learn) how to play golf in 2001.
8. ____________________ (you, ever, to see) an alien?
9. He ____________________ (to do) a terrible job for the last four months.
10. Susan ____________________ (to finish) her novel three weeks ago.
11. I can't come with you. I ____________________ (not, to finish) the housework yet.
12. I don't know if I can still do it. I ____________________ (not, to do) this for ages.

••• Und zum Schluss noch eine kleine Übersetzungsübung. Aber keine Angst: Wenn du dir die Beispielsätze und Übungen noch einmal durchliest, dann schaffst du das leicht. Los geht's!

1. Hast du jemals Golf gespielt?

____

2. John ist seit letztem Montag krank.

____

3. Ich war schon lange nicht mehr da.

____

4. Ich habe ihn gestern gesehen.

____

5. Ich kenne Claudia schon ewig.

____

6. Vor drei Wochen haben wir eine nette Frau in der U-Bahn getroffen.

____

7. Ich habe gerade zu Mittag gegessen.

____

2.5 Das Past Progressive

- **Police officer:** "The robbery took place at 10 o'clock last night. What were you doing at that time?"

  Young man: "I was watching TV."

BOXENSTOPP

Kannst du die Regel zum Past Progressive selbst vervollständigen?

wasn't / weren't | **was / were** | **to be** | **Past Progressive**

Das ______________ wird mit einer Form von ______________ im Simple Past (______________) + **ing**-Form gebildet. Die Verneinung im Past Progressive wird mit ______________ + **ing**-Form gebildet.

Man verwendet das Past Progressive im Englischen bei …

a. zwei oder mehr Handlungen, die in der Vergangenheit gleichzeitig ablaufen.
b. länger andauernden Handlungen in der Vergangenheit, wenn eine kurze, punktuelle Handlung hinzukommt. Die punktuelle Handlung steht dann im Simple Past.
c. Rahmenhandlungen, die z.B. eine Szenerie in der Vergangenheit beschreiben.
d. Aussagen, die beschreiben, was man zu einem bestimmten Zeitpunkt in der Vergangenheit gemacht hat.

•• Lies dir die nachfolgenden Sätze genau durch und entscheide, in welche der oben genannten Kategorien (a – d) du die Sätze einordnen kannst.

1. What were you doing at 4 o'clock? – I was helping my brother in the garden. ☐
2. I was reading a book when the clock fell off the wall. ☐
3. It was a lovely morning. The sun was shining and the birds were singing. ☐
4. We were all having dinner when someone knocked on the door. ☐
5. Yesterday evening my father was working in the garage and I was having a party. ☐
6. My sister was making dinner when I arrived. ☐
7. We met at the airport. I was going to Paris and Sylvia was going to Barcelona. ☐
8. What were you doing at 11 o'clock yesterday? – I was having lunch. ☐
9. My aunt phoned me while I was having a bath. ☐
10. I was walking home when I met Jane. ☐

Im Deutschen gibt es eine Form, die dem Past Progressive entspricht. Sie existiert aber fast ausschließlich in der gesprochenen Sprache. Du solltest diese Form also nicht benutzen, wenn du einen Aufsatz oder einen Brief schreibst.

I was reading when the phone rang.
*Ich war gerade **am Lesen**, als das Telefon klingelte.*
I was reading and he was talking on the phone.
*Ich war **am Lesen** und er war **am Telefonieren**.*

•• Vervollständige die Sätze mit deinen eigenen Ideen. Im Anhang findest du Musterlösungen, die wahrscheinlich nicht deine Antwort wiedergeben, aber auf jeden Fall die richtige Zeitform, die du einsetzen musst.

1. When Martin phoned, we ______.

2. It was a wonderful day. The sun ______, the children ______.

3. What were you doing at 10 o'clock? – I ______.

4. Yesterday Susan ______ and Jim ______.

••• Zum Abschluss noch ein paar Übersetzungen. Überlege zuerst genau, um welche Kategorie es sich handelt und übersetze dann.

1. Als ich nach Hause kam, stand meine Mutter in der Küche, mein Bruder spielte Klavier, mein Vater las die Zeitung und meine Oma putzte das Haus.

______

______

2. Die Show fing an, als wir in den Raum hineingingen.

______

______

3. Was haben Sie um 7 Uhr gemacht? – Um 7 Uhr habe ich das Abendessen vorbereitet.

______

______

4. Es war eine wundervolle Party: Die Gäste tanzten, die Musik spielte und die Sonne schien.

______

______

2.6 Die Zukunft mit *going to*

I think it **is going to** rain.

BOXENSTOPP

Ergänze die folgende Regel zur Zukunft mit **going to** mit den angegebenen Begriffen.

Einfluss | Vorhersagen | Infinitiv | geplant

Die Zukunft mit **going to** wird für zukünftige Ereignisse verwendet. Ganz besonders für solche Ereignisse, die ____________________ sind und auf die man selbst ____________________ hat. Auch für ____________________ benutzt man die Zukunft mit **going to**, aber nur wenn es deutliche Anzeichen dafür gibt, dass ein Ereignis auch tatsächlich eintritt. Gebildet wird die Zukunft mit **going to** so:

Simple Present von **to be (am [not] / are [not] / is [not])** + **going to** + ______________

I **am [not] going to play** that game.	*Ich werde dieses Spiel [nicht] spielen.*
She **is [not] going to go** to the party tonight.	*Sie wird heute Abend [nicht] auf die Party gehen.*
We **are [not] going to watch** the new James Bond movie.	*Wir schauen uns [nicht] den neuen James Bond Film an.*

•• Übersetze Toms Ideen und Pläne für seine Geburtstagsparty ins Deutsche.

1. I'm going to invite all my friends from school.

____

2. My mother is going to make my favourite meal.

____

3. We are going to have so much fun.

____

•• Verstanden, wie es funktioniert? Dann wollen wir das gleich einmal probieren. Vervollständige die Formen der Zukunft mit **going to** in den nachfolgenden Sätzen mit der richtigen Form von **to be**. Das Beispiel zeigt dir, wie es funktioniert.

1.	(to) sit on that chair	**I**	*I am going to sit on that chair.*
2.	(to) fly to Brazil next summer	**we**	______________________
3.	(to) meet the Queen in London	**they**	______________________
4.	(to) rain	**it**	______________________
5.	not (to) watch a movie tonight	**he**	______________________
6.	(to) sell their car	**they**	______________________
7.	(to) have fun	**we**	______________________
8.	not (to) go to a concert	**she**	______________________
9.	(to) be a nice day	**this**	______________________
10.	not (to) buy you this thing	**I**	______________________

Fragen in der Zukunft mit **going to** kannst du genauso leicht bilden. Ziehe einfach die Form von **to be** ganz nach vorne an den Satzanfang:

He **is** going to go to Spain in summer. → **Is** he going to go to Spain in summer

It **is** going to rain. → **Is** it going to rain?

•• Benutze jetzt die folgenden Satzteile und bilde Fragen in der Zukunft mit **going to**.

1. you / bake / cookies / for your mother

____

2. he / go / to Paris / next summer

____

3. we / spend / the rest of the day / in this shopping centre

____

4. I / read / all those books / until next week

____

5. She / water / the plants / this afternoon

____

6. They / play / soccer

____

7. It / snow / soon

____

••• Jetzt bist du topfit für die letzte Übung. Übersetze die Sätze ins Englische. Achte wie immer auch auf die Satzstellung. Zeig mal, was du kannst!

1. Wir werden heute Abend Pizza machen.

____

2. Sally wird im Sommer ihre Tante in Mexiko besuchen.

____

3. Ich gehe nicht vor 9 Uhr zu Sally.

____

4. Mein Vater baut hinter dem Haus einen Swimmingpool.

____

2.7 Die Zukunft mit *will* und mit *going to*

• Markiere die Formen der Zukunft mit **will** in der folgenden Wettervorhersage.

The weather will be very nice tomorrow. There will be sunshine in the morning. In the evening, however, rain clouds will appear and there will be rain all over the country.

BOXENSTOPP

Die Zukunft mit **going to** und die Zukunft mit **will** beschreiben jeweils ein Ereignis in der Zukunft. Der Unterschied zwischen diesen beiden Zeiten besteht jedoch darin, dass die Zukunft mit **will** zum Ausdruck von **Vermutungen (I think, I hope, I'm sure)**, **festen Vorhersagen** (auch Wettervorhersagen) und **spontanen Äußerungen** verwendet wird. Gebildet wird die Zukunft mit **will** immer mit **will** + **Infinitiv** des jeweiligen Verbs.

•• Ergänze in den folgenden Sätzen jeweils das Verb in Klammern. Entscheide dabei, ob du die Zukunft mit **will** oder **going to** verwenden musst.

1. Oh, there is so much to do. - Don't worry. I ____________________ (to help) you.

2. My cat ran away. - Don't worry, darling. I'm sure you ____________________ (to find) it.

3. How about the picnic tomorrow? - Don't worry, I think the weather ____________________ (to hold).

Spontane Entscheidungen, die jetzt im Moment getroffen werden, stehen in der Regel in der Zukunft mit **will**. Wenn die Entscheidungen schon früher getroffen wurden, benutzt man die Zukunft mit **going to**. Vergleiche die beiden folgenden Beispiele:

There is someone on the phone for you. - Okay, **I'll** answer it.
→ Entscheidung fällt in diesem Moment

Steven called earlier. - Yes, I know. **I'm going to** phone him later.
→ Entscheidung fiel schon früher

•• Schau dir noch einmal die Erläuterungen zur Verwendung der Zukunft mit **going to** an. Lies dir dann die folgenden Aussagen durch und entscheide, mit welcher Absicht etwas gesagt wurde. Kreuze deine Entscheidung in der Tabelle an und finde anschließend die richtigen Überschriften für die helle und die dunkel unterlegte Spalte in der Tabelle.

1. My brother is going to go to Greece by plane.

2. Look at the sky! It is going to snow.

3. It will be very stormy tonight.

4. I'm so tired! – I'll do the washing up for you.

5. They all hope that I will get the Oscar for my new movie.

6. There will be rain all over the country in the afternoon.

7. We hope that he'll make it here in time.

8. We are going to have a barbecue with all our friends.

	____________________			____________________	
Satz	**spontane Entscheidung**	**Wettervorhersage**	**Vermutungen mit I'm sure, I think, I hope**	**Plan, Idee**	**Wettervorhersage mit deutlichen Anzeichen**
1.	☐	☐	☐	☐	☐
2.	☐	☐	☐	☐	☐
3.	☐	☐	☐	☐	☐
4.	☐	☐	☐	☐	☐
5.	☐	☐	☐	☐	☐
6.	☐	☐	☐	☐	☐
7.	☐	☐	☐	☐	☐
8.	☐	☐	☐	☐	☐

••• Fülle die Lücken aus.

1. (The postman rings the door bell.) I ____________________ (to get) it!

2. Have you seen the mail in the hallway? – Yes, I've seen it.
I ____________________ (to get) it after I've finished breakfast.

3. If you put water into the freezer, it ____________________ (to freeze).

4. I think this ____________________ (to be) great.

Übersetze im Folgenden die deutschen Aussagen ins Englische.

1. *Ich hoffe, dass ihr gewinnt.*

___

2. *Wir werden uns morgen alle das Fußballspiel ansehen.*

___

3. Don't worry about the keys. *Ich bin sicher, dass du sie wieder findest.*

___

4. Sorry, there is no more room for you in my car, Lucy. – *Kein Problem, ich nehme sie mit.*

___

3 *IF*-SÄTZE TYP I

- Welches Wort fehlt hier?

If I win the jackpot, I ___________ buy a new house.

BOXENSTOPP

Im Deutschen heißen **if**-Sätze **Bedingungssätze**, weil im **if**-Satz eine Bedingung steht, die entweder erfüllbar ist oder nicht. Es gibt insgesamt drei Arten von **if**-Sätzen. In Klasse 6 lernst du den ersten Typ kennen. Hier ist die Bedingung im **if**-Satz erfüllbar, das heißt es ist möglich oder wahrscheinlich, dass die Bedingung erfüllt wird.

Dabei steht im **if-Satz immer Simple Present** und im **Hauptsatz will / can / must (oder ein anderes Hilfsverb) + Infinitiv**. Im **verneinten** Hauptsatz stehen die entsprechenden Formen **won't / can't / needn't (oder ein anderes Hilfsverb) + Infinitiv**. **If** wird im Deutschen mit *wenn* oder *falls* übersetzt.

If you **help** me, I **will be** quicker.	*Wenn du mir hilfst, bin ich schneller.*
If it **rains** tomorrow, we **must stay** at home.	*Falls es morgen regnet, müssen wir zu Hause bleiben.*
We **can visit** you if we **have** enough time.	*Wir können dich besuchen, falls wir genug Zeit haben.*
He **won't earn** a lot of money if he works there.	*Er wird nicht viel Geld verdienen, wenn er dort arbeitet.*

•• Vervollständige nun die Satzbausteine auf der linken Seite sinnvoll mit einem Satzteil auf der rechten Seite.

1. If you go out with your friends tonight,
2. If I work there,
3. If you give me this book,
4. If it rains,
5. If you eat the whole pizza,
6. If you behave,
7. If he comes to the party,

a. you will get a stomach ache.
b. you must leave.
c. I will earn a lot of money.
d. you can come to my party.
e. I will give you ten pounds for it.
f. I can watch the football match on TV.
g. you must wear a raincoat.

Wenn der Hauptsatz vor dem **if**-Satz steht, dann darf kein Komma gesetzt werden. Steht der **if**-Satz jedoch vor dem Hauptsatz, dann **muss** zwischen den beiden ein Komma stehen.

•• Ergänze die folgenden Sätze mit der jeweils richtigen Form der Verben in Klammern. Setze Kommas, falls notwendig.

1. Your mother ________________ (to like) it if you ________________ (to buy) her roses.
2. If you ________________ (to eat) those mushrooms you ________________ (to die).
3. If I ________________ (to see) him I ________________ (to give) him something.
4. We ________________ (not, to go) home if the weather ________________ (to get) better.
5. I ________________ (not, to say) hello if I ________________ (to meet) her.
6. If you ________________ (to put) sugar into it, it ________________ (to taste) sweeter.
7. Sue ________________ (to buy) a house if she ________________ (to win) the lottery.

•• In jedem der folgenden Sätze ist mindestens ein Fehler versteckt. Schau genau hin und achte dabei auch auf Kommas. Den verbesserten Satz kannst du in die freie Zeile darunter schreiben.

1. If I see him I will greet him.

____

2. You win if you play.

____

3. If he speak English I can understand what he says.

____

4. If I lose it she is very angry.

____

5. You fix the vase with glue if you break it.

____

••• Gleich hast du es geschafft! Links sind Satzbruchstücke auf Englisch, die du mit Hilfe der deutschen Angaben vervollständigen kannst. Let's start!

1. If you mow the grass, you will get 10 euros. *(→ € 10)*

2. If you tell any more lies, ____________________ *(→ ich / böse)*

3. If you read in bad light, ____________________ *(→ du / Augen ruinieren)*

4. If you speak slowly, ____________________ *(→ ich / kann dich verstehen)*

••• Endspurt! Übersetze nun noch diese Sätze ins Englische. Achte dabei auch auf die Kommas!

1. Ich werde sehr böse sein, wenn dein Hund mich beißt.

____

2. Wenn wir jetzt wegfahren, sind wir um 4 Uhr da.

____

3. Wenn du viele Süßigkeiten isst, wirst du dick werden.

____

4. Du kannst Geld sparen, wenn du die Heizung abdrehst.

____

4 QUESTION TAGS

• Was fehlt hier? Vervollständige die Sätze mit den passenden **question tags**.

1. That was a great film, ____________? – Yes, it was really good.

2. You don't feel well, ____________? – No, I feel terrible.

BOXENSTOPP

Schau dir die beiden Beispiele oben genau an. Im Englischen gibt es so genannte **question tags** (Frageanhängsel), mit denen du die Zustimmung oder Bestätigung deiner Aussage einholen kannst. Hierbei gilt:

1. Ist das Verb im Aussagesatz ____________, dann ist das **question tag** verneint.

2. Ist das Verb im Aussagesatz ____________, dann ist das **question tag** bejaht.

Im Deutschen kann man **question tags** zum Beispiel mit *nicht wahr? / oder? / stimmt's?* oder *richtig?* übersetzen.

•• Versuche nun, die Aussagesätze in der linken Spalte mit den passenden **question tags** in der rechten Spalte sinnvoll zu kombinieren.

1. Karen is talking on the phone again,
2. Phillip and Tim are watching TV,
3. Susan isn't good at school,
4. We have had a good time,
5. You didn't believe him,
6. You two aren't listening to me,
7. Where is Tom? – He is playing the guitar,

a. haven't we?
b. aren't they?
c. are you?
d. isn't he?
e. isn't she?
f. is she?
g. did you?

Trage die Lösungen in die Tabelle ein.

1.	2.	3.	4.	5.	6.	7.

Bestimmt ist dir aufgefallen, dass die Verbformen in den Sätzen oben immer aus einem Hilfsverb (z.B. **have** oder **is**) und einem Vollverb (z.B. **watching** oder **listening**) zusammengesetzt sind. Wenn in einem Satz kein Hilfsverb zur Verfügung steht, dann musst du folgende **question tags** benutzen:

She likes apples, **doesn't she**? *Sie mag Äpfel, oder?*
We like apples, **don't we**? *Wir mögen Äpfel, nicht wahr?*

She liked apples, **didn't she**? *Sie mochte Äpfel, stimmt's?*
We liked apples, **didn't we**? *Wir mochten Äpfel, richtig?*

•• Versuche jetzt einmal, die **question tags** selbst einzusetzen und auch die neue Regel anzuwenden. Hier findest du die möglichen Antworten:

doesn't he? **doesn't she?** **doesn't she?** **didn't you?** **did you?** **wasn't she?** **isn't it?**

1. The weather is nice, ________________? – Yes, very nice.
2. Your granny likes tea, ________________? – Yes, green tea is her favourite.
3. Julia was on holiday, ________________? – No, she was not on holiday. She was in hospital.
4. You watched the talk show last night, ________________? – Yes, I did.
5. You didn't pass the test, ________________? – No, it was too difficult.
6. He always cries, ________________? – Yes, always.
7. Leticia studies very hard, ________________? – Yes, she is very good at school.

•• Kannst du die folgenden Sätze mit dem jeweils passenden **question tag** ergänzen?

1. Lucy: You have been to Berlin, ________________?

Lara: Yes, I have. It's a very big city, ________________?

2. Tim: The movie was nice, ________________?

Tony: Yes, it was great. It's late, ________________? Let's go home.

3. Liz: You saw Mr. and Mrs. Brown yesterday, ________________?

Tom: Yes, I did. They look really old, ________________?

Fast geschafft! Das meiste zu den **question tags** hast du jetzt drauf. Hier gibt's noch einige Besonderheiten, bei denen du in der Schule richtig punkten kannst!

Das Frageanhängsel für Aufforderungen mit **let's** heißt **shall we**:

Let's go home, **shall we**? *Los, lasst uns nach Hause gehen!*

Für Befehle und Verbote benutzt du **will you**:

Be quiet, **will you**? *Wirst du wohl ruhig sein?*

Das verneinte Frageanhängsel für **I'm** lautet **aren't I**:

I'm late, **aren't I**? *Ich bin spät dran, oder?*

••• Mit diesen Regeln im Kopf geht auch der Rest ganz einfach. Ergänze das jeweils passende Frageanhängsel. Try it!

1. Let's have a party, ________________?
2. I am so great, ________________?
3. Don't shout in here, ________________?
4. Get up, ________________?
5. Let's make a move, ________________?
6. I am a student, ________________?
7. Listen to me, ________________?

5 ADJEKTIVE UND ADVERBIEN

- Größer oder kleiner? Vervollständige den folgenden Beispielsatz.

The elephant is ______________ the mouse.

BOXENSTOPP

Adjektive und Adverbien können gesteigert werden. Es gibt insgesamt drei Steigerungsformen. Versuche, die drei Formen von **big** ins Deutsche zu übersetzen.

1. Der **Positiv**:

This house is **big**. — *Dieses Haus ist ____________.*

This house is **as big as** that one over there. — *Dieses Haus ist ________________ das dort drüben.*

2. Der **Komparativ**:

This house is **bigger than** that one. — *Dieses Haus ist ____________ das da.*

3. Der **Superlativ**:

This house is **the biggest**. — *Dieses Haus ist ____________.*

Alle **einsilbigen**, sowie alle **zweisilbigen** Wörter auf **-y** werden im Komparativ auf **-er** und im Superlativ auf **-est** gesteigert:

fast → faster → the fastest — *schnell → schneller → am schnellsten*

Aufgepasst: **-y** wird zu **-ie**:

easy → easier → the easiest — *leicht → leichter → am leichtesten*

Alle **zwei- und mehrsilbigen** Wörter werden mit **more** im Komparativ und **most** im Superlativ gesteigert:

often → more often → the most often — *oft → öfter → am öftesten*

expensive → more expensive → the most expensive — *teuer → teurer → am teuersten*

Konsonanten am Ende des Wortes werden im Komparativ und im Superlativ oft verdoppelt:

thin → thinner → the thinnest — *dünn → dünner → am dünnsten*

big → bigger → the biggest — *groß → größer → am größten*

Außer wenn ...

... das Wort mit **2 Konsonanten endet**, z.B.: **long – longer – the longest**

... das Wort ein **w** oder ein **y am Ende** hat, z.B.: **new – newer – newest**

... am Wortende **zwei Vokale vor dem Konsonant** stehen, z.B.: **quiet – quieter – the quietest**

•• Ergänze die folgende Tabelle mit den Komparativ- und Superlativformen der angegebenen Adjektive und Adverbien:

Positiv	Komparativ	Superlativ
1. seriously		
2. high	higher	
3. boring		
4. important		
5. big		the biggest
6. peaceful		
7. cold		

•• Übersetze die folgenden Sätze ins Deutsche.

1. This car is more expensive than that one over there.

2. Mary's house is the biggest house in town.

3. Your room looks cleaner since you tidied it.

4. Hamburgers are as good as cheeseburgers.

5. A sofa is more comfortable than a chair.

Aufgepasst: Es gibt auch eine Reihe von unregelmäßigen Steigerungsformen, die du dir gut merken solltest:

good / well → better → the best

bad / badly → worse → the worst

far → further / farther → the farthest

little → less → the least

••• Beschreibe das Verhältnis der folgenden Dinge oder Lebewesen zueinander, indem du Sätze mit dem Komparativ bildest. Beginne deine Beschreibung immer mit dem zuerst genannten Ding oder Lebewesen.

1. Lena is 12 years / Phillip is 13 years (young)

Lena is younger than Phillip.

2. juice / water (taste good)

____

3. maths / English (complicated)

____

4. Mary / John (tall)

____

5. my grades / your grades (bad)

____

6. health / money (important)

____

7. Sydney / London (far away)

____

6 DAS *GERUND* ALS SUBJEKT UND OBJEKT

• Schau dir die Bilder an. Kannst du aufschreiben, was Sally, Tom und Steven gerne tun?

Sally (dance)

Tom (play football)

Steven (collect stamps)

1. Sally likes ______________________________.

2. Tom likes ______________________________.

3. Steven likes ______________________________.

BOXENSTOPP

Das **gerund** ist eine **substantivische Verbform**, es verbindet also die Eigenschaften eines Substantivs mit denen eines Verbs. Es kann innerhalb eines Satzes verschiedene Positionen einnehmen. Man kann das **gerund** also z.B. als **Subjekt (Wer oder was?)** oder als **Objekt (Wen oder was?)** eines Satzes benutzen.

Subjekt: Swimming is healthy.
Objekt: I like swimming.

Setze ein:

be | -ing | verdoppelt | fällt weg | Satzanfang

Das **Gerund** wird aus dem Infinitiv eines Verbs + ____________ gebildet. Wenn das **Gerund** als Subjekt gebraucht wird, dann steht es meistens am ____________ und ihm folgt meistens eine Form von **(to)**____________. Vor einem **Gerund** steht im Englischen kein Artikel!

Achtung bei der Schreibung: Konsonanten werden am Wortende oft ____________ (**sit** → **sitting**), und ein **-e** am Verbende ____________ (**like** → **liking**).

•• Bestimme in den folgenden Sätzen jeweils, ob es sich beim **gerund** um ein Subjekt oder ein Objekt handelt. Kreuze an!

	Subjekt	Objekt
1. **Playing** the piano is one of my hobbies.	______	______
2. Peter hates **washing** his clothes.	______	______
3. I enjoy **reading**.	______	______
4. **Watching** movies is one of Larry's hobbies.	______	______

•• Bilde zu den folgenden Infinitiven jeweils das **gerund**:

1. **play** ____________
2. **swim** ____________
3. **be** ____________
4. **sit** ____________
5. **stop** ____________
6. **sing** ____________
7. **love** ____________
8. **go** ____________
9. **do** ____________
10. **ride** ____________

Als Objekt benutzt man das **gerund** häufig nach Verben, die eine Vorliebe oder Abneigung ausdrücken, wie z.B.:

to dislike	*nicht gerne tun*	Mary dislikes cleaning.	*Mary macht nicht gerne* sauber.
to enjoy	*genießen*	He enjoys playing cricket.	*Er genießt es Kricket zu spielen.*
to hate	*hassen*	I hate being late.	*Ich hasse es zu spät zu kommen.*
to love	*lieben*	We love singing.	*Wir lieben es zu singen.*
to like	*mögen*	They like going out.	*Sie mögen es auszugehen.*

•• Die folgenden Sätze sind durcheinander geraten. Bringe die Satzbruchstücke wieder in die richtige Reihenfolge und entscheide dabei jeweils, welches Verb als **gerund** benutzt werden muss.

1. read / books / hobby / is my

____

2. I / cycle / hate

____

3. we all / play / love / cards

____

••• Gleich hast du es geschafft! Übersetze die folgenden Sätze ins Englische und benutze dabei das **gerund**.

1. Ich hasse es, Briefe zu schreiben.

____

2. Schwimmen macht Spaß.

____

3. Marcy tanzt gerne.

____

4. Er genießt es, alleine fernzusehen.

____

____

7 POSSESSIVPRONOMEN UND POSSESSIVBEGLEITER

- Weißt du, welches Possessivpronomen und welchen Possessivbegleiter du hier einsetzen musst?

"Oh no, it's raining. I have forgotten ______ umbrella. "
"Here, take ______."

BOXENSTOPP

Possessiv bedeutet **besitzanzeigend**. Als Possessivbegleiter und Possessivpronomen werden also Wörter bezeichnet, die angeben, **wem** etwas gehört. **Possessivbegleiter** bestimmen wie Adjektive die Eigenschaft von Personen oder Dingen:

This is **my** car. *Dies ist mein Auto.*

Possessivbegleiter stehen **immer** bei dem Gegenstand oder der Person, die sie beschreiben; sie stehen **nie alleine**. **Possessivpronomen** ersetzen dagegen einen Gegenstand oder eine Person; sie stehen also **immer alleine**. Vergleiche die folgenden Sätze:

This is **my** car. → This is **mine**.
This is **her** cat. → This is **hers**.

Possessivbegleiter		Possessivpronomen	
my car	**mein** Auto	**mine**	**meins**
your car	**dein** Auto	**yours**	**deins**
his / her / its car	**sein / ihr / sein** Auto	**his / her / its**	**seins / ihres / seins**
our car	**unser** Auto	**ours**	**unseres**
your car	**euer** Auto	**yours**	**eures**
their car	**ihr** Auto	**theirs**	**ihres**

•• Hast du den Unterschied zwischen Begleitern und Pronomen verstanden? Finde heraus, ob es sich bei den hervorgehobenen Wörtern um Possessivbegleiter oder Possessivpronomen handelt. Schreibe deine Antworten hinter die einzelnen Sätze.

1. This is **our** cat. ____________________
2. **Their** uncle is very rich. ____________________
3. Caroline's house is bigger than **ours**. ____________________
4. I've bought this CD. It's not **yours**. ____________________
5. I've got something in **my** eye. ____________________
6. He has had it for years. It's **his**. ____________________
7. **Her** cat is very big. ____________________
8. Please give me **your** number. ____________________
9. Whose shoes are those? Are they **yours**? ____________________
10. Do you think he will bring **his** girlfriend along? ____________________

Wenn du wissen möchtest, wem etwas gehört, dann musst du folgende Fragen stellen:

Whose (dog) is this? *Wessen (Hund) ist das?*
Whose (dogs) are those? *Wessen (Hunde) sind das?*

•• Possessivbegleiter oder -pronomen? Ergänze in den folgenden Sätzen die jeweils richtige Form.

1. These are not ________ (my / mine) shoes. ________ (My / Mine) are black.
2. Sally gave me ________ (her / hers) umbrella. ________ (My / Mine) was at home.
3. ________ (Her / Hers) teacher is nicer than ________ (your / yours).
4. Can I use ________ (your / yours) phone? ________ (My / Mine) is broken.
5. Where are ________ (your / yours) parents? ________ (Her / Hers) are over there.
6. Is this ________ (my / mine) new bike? ________ (Your / Yours) looks much nicer.
7. Whose are these? ________ (My / Mine) or ________ (your / yours)?
8. She has finished ________ (her / hers) tea. Does she want to have ________ (my / mine) now?

••• Übersetze nun die folgenden Sätze ins Englische. Achte dabei wie immer auch auf die richtige Satzstellung.

1. Conny gab mir gestern mein Buch zurück.

____

2. Ist das euer Kind? – Nein, das ist meine Nichte.

____

3. Das ist meine Eiscreme. Du hast deine schon aufgegessen.

____

4. Wessen Fahrrad ist das? – Es ist meins.

____

5. Ist das dein Laptop oder ihrer? – Es ist ihrer.

____

8 PERSONALPRONOMEN

• Kannst du im folgenden Dialog die Personalpronomen vervollständigen?

you **we** **I** **me** **you** ***I*** **it**

"**I** know __________, don't __________? __________ are the guy that helped __________ with my bags. __________ talked for a while. Do **you** remember?"

"Yes, of course. __________ remember **you**. __________ was a pleasure to help **you**."

BOXENSTOPP

Personalpronomen hast du sicherlich schon im Deutschunterricht kennengelernt. Du weißt, dass es unterschiedliche Personalpronomen gibt, je nachdem für welchen Fall sie stehen. **Subjektpronomen** stehen für **Nominativobjekte**, nach denen man mit *Wer oder was*? fragen kann. **Objektpronomen** stehen für **Dativobjekte** *(Wem?)* und **Akkusativobjekte** *(Wen oder was?)*.

Hier siehst du alle Pronomen im Überblick:

Subjektpronomen	(Nominativ)	Objektpronomen	(Dativ / Akkusativ)
I	*ich*	**me**	*mir / mich*
you	*du*	**you**	*dir / dich*
he / she / it	*er / sie / es*	**him / her / it**	*ihm, ihr, ihm / ihn, sie, es*
we	*wir*	**us**	*uns / uns*
you	*ihr*	**you**	*euch / euch*
they	*sie*	**them**	*ihnen / sie*

•• Sieh dir die folgenden Beispielsätze genau an, und überlege, ob die hervorgehobenen Personalpronomen Subjekt- oder Objektpronomen sind. Kreuze deine Antworten in der Tabelle an.

		Subjektpronomen	Objektpronomen
1.	My father is helping **me** with my bike.	☐	☐
2.	I can see **her** in the garden.	☐	☐
3.	Tom is not at home. **He** is working.	☐	☐
4.	Mike is very strong. He can carry **me**.	☐	☐
5.	**We** are not married.	☐	☐
6.	Can you give that to **us**?	☐	☐
7.	**They** are not very intelligent.	☐	☐
8.	Who is this? I don't know **them**.	☐	☐
9.	**We** have a big house in New York City.	☐	☐
10.	I followed **them** to their flat.	☐	☐

Das Wort **Pronomen** kommt aus dem Lateinischen und bedeutet, dass man etwas für **(pro)** einen anderen Namen **(nomen)** einsetzt.

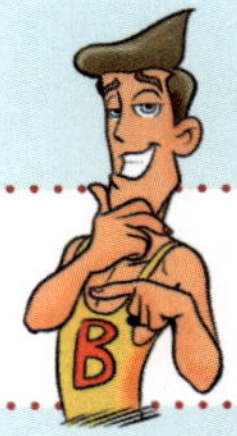

•• Versuche nun, die folgenden Sätze mit dem jeweils richtigen Personalpronomen zu ergänzen. Überlege immer zuerst, ob in die Lücke ein **Subjektpronomen** *(Wer oder was?)* oder ein **Objektpronomen** *(Wem? / Wen oder was?)* eingesetzt werden muss.

1. Let's sit down here. ________________ have got sandwiches with ________________.
2. Peter! Are ________________ crazy?
3. Sally and Mike are getting married. ________________ are very much in love.
4. Look, Tom! Sarah is over there. ________________ has taken her dog along. Perhaps we can play with ________________ (dog).
5. Tom wrote (mir) ________________ an e-mail yesterday. ________________ said that ________________ would like to see ________________.
6. Oh, these bags are so heavy! Can ________________ help me carrying ________________ to the station?
7. Look at the ducks over there. ________________ are swimming in a line. Can you see ________________?
8. We are the Millers. This is our son Charles. ________________ is eleven years old. Our daughter's name is Sammy. Charles likes ________________ very much. ________________ often play together. It is nice watching ________________.
9. Do you still have my computer game? Can ________________ give ________________ back to ________________, please?
10. Look, there is Anna. What is ________________ doing? Are those ________________ kids? I've never seen ________________ together.

••• Wenn du bis hierher gut zurecht gekommen bist, dann schaffst du diese Übung auch noch! Übersetze die folgenden Sätze ins Englische, und ersetze dabei die hervorgehobenen Substantive durch das jeweils richtige Personalpronomen. Das Beispiel zeigt dir, wie es geht. Let's go!

1. **Kathrin** fragt **ihre Eltern**. She asks them.
2. Er sieht **seinen Lehrer**. ____________
3. Wir sehen uns. ____________
4. **Mrs Smith** liebt **ihre Tochter**. ____________
5. **Das Haus** ist leer. ____________
6. **Mary und George** suchen **ihr Auto**. ____________
7. Sie haben **meine Schwester und mich** gestern getroffen. ____________
8. Timmy? Suchst du **deinen Bruder**? ____________
9. Sucht **Timmy seine Geschwister**? ____________

9 PRÄPOSITIONEN

• Sieh dir die folgenden Beispielsätze genau an und achte besonders auf die hervorgehobenen Ausdrücke:

The cat is **on** the sofa. *Die Katze ist auf dem Sofa.*
The ball is **between** the box and the bin. *Der Ball ist zwischen der Box und dem Mülleimer.*
Mary is sitting **in front of** her bed. *Mary sitzt vor ihrem Bett.*

BOXENSTOPP

Präpositionen zeigen dir, in welchem Verhältnis ein Gegenstand zu einem anderen steht. Es gibt Präpositionen der Zeit, des Ortes und der Bewegung:

Zeit		Ort		Bewegung	
after	*nach*	**behind**	*hinter*	**into**	*hinein*
since	*seit*	**in front of**	*vor*	**off**	*runter*
until	*bis*	**between**	*zwischen*	**out of**	*raus*
from	*von*	**on**	*auf*	**against**	*gegen*
before	*vor*	**in**	*in*	**from**	*von*

Jahreszahlen werden mit **in** angegeben: **He was born in 1996.** *(Er ist 1996 geboren.)* Für **Fortbewegungsmittel** benutzt man **by: He goes to school by bus/bike/train/car.** *(Er fährt mit dem Bus/Fahrrad/Zug/Auto zur Schule.)*

●● Wo genau befinden sich die Dinge in Sarahs Zimmer? Schreibe einige Sätze auf.

in front of | on | in | next to | over | under

1. The bird is *in the cage.*

2. The cat is ______

3. The mouse is ______

4. The child is ______

5. The picture hangs ______

6. The dog sits ______

Achtung: *Nach Hause* heißt im Englischen **home** und wird **ohne Präposition** gebraucht. *Zu Hause* heißt **at home**. Vergleiche die beiden folgenden Beispiele:

I'm going home. *Ich gehe nach Hause.*
I'm at home. *Ich bin zu Hause.*

•• Ergänze das Kreuzworträtsel und die Beispielsätze mit der jeweils richtigen Präposition.

Senkrecht:

1. We meet ________________ (nach) the concert.
2. I must phone Alex ________________ (bevor) we leave.
3. Where is Missy? She is ________________ (hinter) the oven.
4. The plates are ________________ (auf) the table.

Waagerecht:

5. Lucy is sitting ________________ (zwischen) her sister Mary and her brother Alex.
6. What is Larry doing? – He is going ________________ (hinein) the shop right now.
7. Where are you? – I'm ________________ (zu Hause) home.

•• Schreibe die jeweils richtige Präposition in die Lücken.

by | in | between | into | at | in front of | from | until

1. We go to school ________________ bus every morning.
2. The bus stops ________________ the school building.
3. We all go ________________ the building.
4. We are ________________ our classroom ________________ 8 o'clock in the morning ________________ 2 o'clock in the afternoon.
5. I sit ________________ my best friends Missy and George.
6. At 3 o'clock I'm ________________ home again.

••• Gleich geschafft! Jetzt noch ein paar kurze Übersetzungen. Auf geht's! Achte beim Übersetzen auch auf die richtige Satzstellung.

1. Ich fahre **mit dem Fahrrad** zur Schule.

____

2. Unser Haus ist **vor** der Kirche.

____

3. Wir gehen **zwischen** 7 und 8 Uhr **nach Hause**.

____

10 RELATIVSÄTZE

- Schau dir die folgenden Beispielsätze genau an und versuche herauszufinden, wann **who, that** und **which** verwendet werden.

I have got a sister. She is married.
I have got a sister **who / that** is married.
Ich habe eine Schwester, die verheiratet ist.

These are the men. They told me the story.
These are the men **who / that** told me the story.
Das sind die Männer, die mir die Geschichte erzählten.

She has got a car. It is 20 years old.
She has got a car **which / that** is 20 years old.
Sie hat ein Auto, das 20 Jahre alt ist.

These are the shops. They are closed until March.
These are the shops **which / that** are closed until March.
Das sind die Geschäfte, die bis März geschlossen sind.

This is the man. His mother is 79 years old.
This is the man **whose** mother is 79 years old.
Das ist der Mann, dessen Mutter 79 Jahre alt ist.

BOXENSTOPP

Hast du etwas herausgefunden? Wie du an den Beispielen oben siehst, kann man mit einem Relativsatz zwei Sätze miteinander verbinden, indem man ein Relativpronomen benutzt. Hierbei gilt:

__________________ wird nur für **Personen** *(Der Mann, der ...)* gebraucht und __________________ *(Die Uhr, die ...)* nur für **Gegenstände**. __________________ kann **für beide** Fälle verwendet werden. __________________ wird im Deutschen mit *wessen* oder *dessen/deren* übersetzt *(Die Frau, deren Mann ...)*. Alle Relativpronomen sind im Singular und Plural gleich.

•• Ergänze die folgenden Sätze mit dem jeweils passenden Relativpronomen. Aber aufgepasst: Manchmal gibt es mehrere Lösungsmöglichkeiten!

1. Mister Brown and Miss Wood were the teachers ________________ accompanied our class to London.
2. Michael Smith is the pupil ________________ aunt lives in Baltimore.
3. We saw a woman in the street ________________ had a funny haircut.
4. Miles is the man ________________ wife lived in Africa for a long time.
5. We have a house ________________ is on a hill.
6. A kiwi is a bird ________________ cannot fly.
7. Doesn't she have anybody ________________ can help her?

•• Verbinde immer zwei Sätze zu einem Satz, indem du ein Relativpronomen einsetzt.

1. Sally told us a story. I couldn't believe it.
Sally told us a story which I couldn't believe.
2. Tim has got a dog. It is black.
____
3. Harry is a good boy. He can't tell a lie.
____
4. We have a nice flat. I like it.
____

Wenn das Relativpronomen Objekt des Satzes ist, kann es weggelassen werden. Man spricht dann von einem **contact clause**.

I was reading **a book**.
→ The book **(which / that)** I was reading was good.

We are listening to **a song**.
→ The song **(which / that)** we are listening to is okay.

•• Ergänze die folgenden Sätze mit dem jeweils richtigen Relativpronomen. In welchen Fällen kannst du das Relativpronomen auch weglassen?

1. What's the title of the book ________________ you bought yesterday?
2. A teacher is a person ________________ helps you understand things better.
3. The Smiths have a house ________________ has got 4 bathrooms.
4. The film ________________ you gave me is not very good.
5. I lost the ring ________________ you gave me for my birthday.

••• Übersetze nun noch die folgenden drei Sätze ins Englische. Achte dabei wie immer auch auf die richtige Satzstellung.

1. Ich habe eine Tante, die auf einer Farm lebt.

____

2. Das ist der Mann, dessen Schwester 5 Kinder hat.

____

3. Die Frau, die ich gesehen habe, war allein.

____

11 *SOME* UND *ANY* IN AUSSAGEN UND FRAGESÄTZEN

• Sieh dir die folgenden Sätze genau an und achte dabei besonders auf die hervorgehobenen Ausdrücke. Was fällt dir bei der Verwendung von **some** und **any** auf?

My brother has got **some** nice toys.
I have got **some** ideas.
I can see **some** people over there.
Susan is making **some** cookies.
Have you got **any** butter?
Have you got **any** books?

My brother hasn't got **any** nice toys.
I haven't got **any** ideas.
I can't see **any** people over there.
Susan is not making **any** cookies.
Yes, I have got **some** butter. / No, I haven't got **any** butter.
Yes, I have got **some** books. / No, I haven't got **any** books.

BOXENSTOPP

Ergänze die untenstehende Regel mit den folgenden Begriffen:

some | bejahten | **any** | **some** | Verneinungen | **any** | *ein paar*

Man benutzt ______________ oder ______________ im Englischen, um eine unbestimmte Menge oder Anzahl auszudrücken. Übersetzt werden beide Ausdrücke ins Deutsche mit *etwas*, ______________ oder *einige*. ______________ benutzt man in ______________ Sätzen. Bei Fragen und ______________ wird dagegen meistens ______________ verwendet. **Some** kann jedoch auch bei Fragen verwendet werden, wenn man eine **höfliche Bitte (Can I have some butter, please?)** oder ein **höfliches Angebot (Would you like some tea?)** formuliert.

•• Ergänze die folgenden Sätze jeweils mit **some** oder **any**.

1. Would you like to have ____________ coffee?
2. Can you remember ____________ line of this song?
3. I can give you ____________ films. I've got a huge collection.
4. I hope there will be ____________ snow on Christmas Day.
5. Can I have ____________ milk for my tea, please?
6. Are there ____________ people in this town who know how to drive a car?
7. There won't be ____________ sunshine all day.
8. Someone has to water your plants. Have you got ____________ neighbours you trust?
9. Would you like to meet ____________ of my friends?
10. There will be ____________ rain in the North of England.

Some und **any** werden im Deutschen manchmal gar nicht übersetzt:

Have you got **any** jam?	*Hast du Marmelade?*
Brian is getting **some** drinks for us.	*Brian holt uns Getränke.*

•• Bilde nun aus den vorgegebenen Satzteilen bejahte oder verneinte Sätze mit **some** oder **any**.

1. Sally / have not / friends. *Sally hasn't got any friends.*
2. I / cannot see / birds in the sky. ____________
3. You / like / sugar? ____________
4. I / can have / milk, please? ____________
5. We / have not / newspapers. ____________
6. You / know / people from Japan? ____________
7. My father / have / tools in the garage. ____________

••• Jetzt zum Endspurt! Versuche nun, die folgenden Sätze ins Englische zu übersetzen.

1. Hast du ein paar Tipps für mich?

____

2. Könntest du mir bitte etwas Salz geben?

____

3. Möchten Sie etwas Zucker?

____

4. Ich habe keine Haustiere.

____

5. Kannst du Butter kaufen?

____

12 MODALVERBEN

• Lies dir den Text, der auf Toms Anrufbeantworter gesprochen wurde, genau durch und versuche dann, die Modalverben richtig ins Deutsche zu übersetzen.

Hi Tom! It's me, John. I'm so sorry. I **cannot** come to your party tonight. I **must** help my sister with her homework tonight, because she **must** give a presentation on Australia. Maybe we **can** meet some other time. And Tom ... You **must not** call me back, because my parents **need not** know that I was planning to come to your party.

1. I cannot come to your party. ______________________________

2. I must help my sister. ______________________________

3. She must give a presentation. ______________________________

4. We can meet some other time. ______________________________

5. You must not call me back. ______________________________

6. My parents need not know that ... ______________________________

BOXENSTOPP

Mit Hilfe von Modalverben kann man **Erlaubnisse, Verbote, Verpflichtungen, Möglichkeiten** oder auch **Fähigkeiten** ausdrücken. Die Bedeutung eines Satzes ändert sich, je nachdem, welches Modalverb du benutzt. Im Text oben hast du bereits die Verwendung einiger Modalverben kennengelernt. Vergleiche nun folgende Beispiele:

She **can / cannot** sing.	*Sie kann / kann nicht singen.*
She **may / may not** sing.	*Sie darf / darf nicht singen.*
She **must / does not have to** sing.	*Sie muss / muss nicht singen.*
She **must not** sing.	*Sie darf nicht singen.*
She **need not** sing.	*Sie braucht nicht singen.*

Achtung: Die Verneinung von **must** ist **nicht mustn't**, sondern **doesn't / don't have to. Mustn't** übersetzt man mit *nicht dürfen.*

•• Übersetze die hervorgehobenen Fragen und Aussagen ins Deutsche.

1. May I have this DVD?

2. It's okay. **You need not say any more.**

3. My father is ill. **He must not go outside.**

4. Does your leg hurt much? **Can you stand up?**

5. You must not open this door. It's forbidden to open it.

6. The kiwi bird cannot fly. Its wings are too small.

7. The official part is over. **You need not stay here any longer.**

Modalverben haben immer nur eine Form. Auch bei **he, she** und **it** wird **kein -s** angehängt. Sieh dir dazu noch einmal die Beispiele mit **need not** oben an.

•• Ergänze die folgenden Sätze mit dem jeweils passenden Modalverb.

1. Can you turn off the light, please? I ____________________ sleep when the light's on.

2. My aunt has visited many countries. She ____________________ speak six languages.

3. No, not like this! You ____________________ put this end here.

4. You ____________________ help me. I can do that on my own.

5. No, Charlie. You ____________________ go there. Father says it's forbidden.

6. ____________________ I help you?

••• Ergänze die folgenden Sätze mit Hilfe der Vorgaben in Klammern und verwende jeweils das passende Modalverb. Das Beispiel zeigt dir, wie es funktioniert.

1. Stay away from the door! (not enter / the house) *You must not enter the house.*

2. I don't want to invite Petra. But I (invite / Sarah) ____________________. She will be very angry if I don't invite her.

3. No, Tom. You (not come) ____________________.There are enough people here to help me with the decoration.

4. What are we going to do tonight? – We (go) ____________________ to the cinema, if you like.

13 ZEICHENSETZUNG

• Die Zeichensetzung im Englischen ist eigentlich gar nicht so schwierig. Trotzdem lohnt es sich, dir die **Zeichensetzung in der direkten Rede** und die **Kommaregeln** gut einzuprägen. Sieh dir die folgenden Sätze einmal genau an:

He said, "I don't like fish."
"If you don't like fish," she asked, "why don't you eat meat?"
"I don't like meat either," he replied.

Luca asked, "Is that all?"
"Yes, that's all! " Jane replied.

BOXENSTOPP

Kommas werden im Englischen zum Beispiel bei **Aufzählungen** verwendet:
He bought apples, pears and bananas. *Er kaufte Äpfel, Birnen und Bananen.*

Zwischen den letzten zwei Gliedern einer Aufzählung steht normalerweise **kein** Komma, es sei denn, sie sind sehr lang:
I spent the evening listening to records, talking to my sister on the phone, and watching the new James Bond movie on television.
Ich habe den Abend damit verbracht mir Platten anzuhören, mit meiner Schwester zu telefonieren und mir den neuen James Bond-Film im Fernsehen anzusehen.

Zwischen zwei Hauptsätzen steht meistens ein Komma, wenn sie mit **but, or, and** und **so** verbunden sind:
He decided to try the sausages, and she ordered a huge bowl of mashed potatoes.
Er entschied sich dazu die Würstchen zu probieren, und sie bestellte eine große Schale Kartoffelbrei.

Es sei denn, die beiden Sätze sind sehr kurz:
Jane had apple pie and Tom had fish. *Jane hatte Apfelkuchen und Tom hatte Fisch.*

Zwischen Hauptsatz und Nebensatz steht nur dann ein Komma, wenn der Nebensatz dem Hauptsatz vorausgeht. Vergleiche:
He will go home if he gets bored. *Er wird nach Hause gehen, wenn ihm langweilig wird.*
If he gets bored, he will go home. *Wenn ihm langweilig wird, wird er nach Hause gehen.*

•• Ergänze in den folgenden Sätzen Kommas, wo diese notwendig sind.

1. I will ask her what happened to her grandmother but I think she won't tell me.
2. Henry went shopping. He bought apples a loaf of bread a bottle of water and a toothbrush.
3. If you leave your cat out there it will die.
4. My mother was talking to my sister while I was upstairs.
5. I went to see my grandmother in Chicago and my wife visited her friends in Australia.
6. She had a lot of fun and he was bored.
7. If I see him I will tell him that you want to talk to him.
8. While you were away someone called on the phone.
9. She met an old man a lot of Japanese tourists with cameras and a small child that was looking for its mother.
10. Before she wrote this great novel no one knew who she was.

Nebensätze erkennst du daran, dass sie mit einer **Konjunktion** wie z.B. **when, while, if, though, as**, etc. eingeleitet werden.

•• Versuche nun, die folgenden Sätze mit Satzzeichen zu bestücken. Du kannst folgende Satzzeichen einfügen: **Anführungszeichen, Kommas, Punkte, Fragezeichen, Ausrufezeichen** und **Großbuchstaben** zu Beginn der direkten Rede. Los geht's!

1. Tom said come here

2. If you listen to what the teacher says my mother said you will get good grades

3. What's up asked Martin

4. I want to know Charles said who left the front door open

5. My aunt asked is there any mail for me today

••• Übersetze nun die folgenden Sätze ins Englische. Denke dabei vor allem an die richtige Zeichensetzung!

1. „Wer ist da?" fragte Maria.

2. „ Es ist ", sagte er, „ein Freund."

3. Verena fragte: „Wo bist du?"

Grammatik

TEST

Bist du bereit für einen Grammatiktest? Du hast 45 Minuten Zeit. Für jede richtige Antwort bekommst du einen Punkt!

Notiere hier deine Startzeit: ______________ Uhr. **Auf die Plätze, fertig, los!**

PUNKTE

Die Zeiten

Setze die richtigen Zeitformen ein. Die **Signalwörter** helfen dir.

1. My dog always ____________________ (to wake) me up at 7 o'clock in the morning.

2. Look! The children ____________________ (to play) football in the garden.

3. I ____________________ (never, to be) to France.

4. Last weekend I ____________________ (to have) a terrible nightmare.

5. It was a beautiful day. The sun ____________________ (to shine) and everyone ____________________ (to have) fun outside.

6. Oh, there's someone at the door. – I ____________________ (to get) it.

7. I ____________________ (already, to pay) the bill.

8. Yesterday the Smiths ____________________ (to go) shopping together.

9. It's so cloudy. I think it ____________________ (to rain) soon.

10. My mother ____________________ (to work) in a hospital. She is a nurse.

PUNKTE

If – Sätze Typ I

Ergänze die folgenden Sätze mit der jeweils richtigen Zeitform der Verben in Klammern.

1. If you go home now, I ____________________ (to go) home, too.

2. You can stay here if you ____________________ (to want).

3. If you mow his lawn, you ____________________ (to buy) the new bike you want.

4. Will you buy the house if you ____________________ (to win) € 100.000?

Übersetze die folgenden Sätze ins Englische. Achte dabei auch auf die Kommasetzung.

5. Wenn es regnet, können wir nach Hause gehen.

____

6. Wenn du Salz in deinen Pudding tust, kannst du ihn wegwerfen.

____

Question tags

PUNKTE

Erinnerst du dich an die Regel zu den Frageanhängseln? Ergänze die folgenden Sätze.

1. Ist das Verb im Aussagesatz bejaht, dann ist das **question tag** ________________.

2. Ist das Verb im Aussagesatz verneint, dann ist das **question tag** ________________.

3. Paris is a town in France, ________________?

4. Mozart was not a tall man, ________________?

5. Carl was having dinner at 9 o'clock, ________________?

Die Steigerung der Adjektive und Adverbien

PUNKTE

Bilde die Steigerungsformen der folgenden Adjektive und Adverbien.

Positiv	Komparativ	Superlativ
1. interesting	________________	________________
2. heavy	________________	________________
3. good	________________	________________
4. thin	________________	________________
5. far	________________	________________

Das **gerund** als Subjekt und Objekt

PUNKTE

Bilde vollständige Sätze aus den vorgegebenen Satzbruchstücken und benutze dabei das **gerund**.

1. The Millers / love / have / barbecues.

____

2. Fish / is / one of my hobbies.

____

PUNKTE

Possessivpronomen, Possessivbegleiter und Personalpronomen

Übersetze die folgenden Sätze ins Englische. Achte dabei auf die jeweils richtigen Pronomen und auch auf die richtige Satzstellung.

1. Er sieht seinen Vater.

____

2. Wir haben euren.

____

3. Er hat ihm seinen Schlüssel gegeben.

____

4. Du hast sie gestern in ihrer Wohnung gesehen.

____

PUNKTE

Some und any in Aussagen und Fragesätzen

Ergänze die folgenden Sätze mit **some** oder **any**.

1. Have you got ______________ butter in the fridge?

2. There are ______________ people on the street.

3. She hasn't got ______________ friends.

4. There isn't ______________ juice left.

5. Sally has put ______________ more eggs into the cake.

Relativsätze mit und ohne Relativpronomen

PUNKTE

Setze die passenden Relativpronomen in die Lücken ein. Verwende nur **which, who** oder **whose**. Wo es möglich ist, benutze einen **contact clause**.

1. I saw a girl in the street ____________________ was wearing a red skirt.

2. A cow is an animal ____________________ produces milk.

3. I've found the necklace ____________________ you lost.

4. I have an aunt ____________________ has got ten cats.

5. He is the man ____________________ brother lives in Berlin.

6. This is the man ____________________ gave me the letter.

7. She is the girl ____________________ he loves.

PUNKTE GESAMT

Geschafft! Vergleiche nun deine Antworten mit dem Lösungsteil auf Seite 111. Für jede richtige Antwort bekommst du einen Punkt. Trage deine Punkte in das dafür vorgesehene Feld bei jeder Aufgabe ein und rechne deine Gesamtpunktzahl aus.

Meine Gesamtpunktzahl: ____________ / 50

50 - 40 PUNKTE
Einfach spitze! In der Grammatik kennst du dich bestens aus, du bist ein Grammatik-Champion!

39 - 20 PUNKTE
Eine gute Ausgangsposition, um dich noch zu verbessern! Überprüfe noch einmal, wo du Fehler gemacht hast und versuche die Testaufgaben richtig zu lösen.

19 - 0 PUNKTE
Es ist noch kein Meister vom Himmel gefallen! Schau dir am besten die Boxenstopps und Lerntipps noch einmal an und arbeite den Übungsteil erneut durch. Mit ein bisschen mehr Übung ist dann auch Silber oder sogar Gold drin!

1 ZAHLEN

- Hast du Lust auf eine Runde **Sudoku**? Fülle die leeren Kästchen auf. Jede Zahl darf in jeder Reihe und in jedem farbigen Feld nur einmal vorkommen. Viel Spaß!

one			four
	four	three	
	one	four	two
four	two		three

BOXENSTOPP

Hier ist eine Liste, mit der du die wichtigsten Grund- und Ordnungszahlen noch einmal wiederholen kannst. Schau dir die Liste gut an. Achte besonders auf die hervorgehobenen Ausdrücke. Diese sind nicht ganz regelmäßig in der Schreibung. Wenn du die Zahlen ausschreibst, vergiss nicht einen Bindestrich zwischen Zehnern und Einern (z.B. **twenty-seven, thirty-two, seventy-nine,** etc.) einzufügen.

Grundzahlen				Ordnungszahlen		
zero	*null*	**twenty**	*zwanzig*	**first**	1st	*der erste*
one	*eins*	twenty-one	*einundzwanzig*	**second**	2nd	*der zweite*
two	*zwei*	twenty-two	*zweiundzwanzig*	**third**	3rd	*der dritte*
three	*drei*	**thirty**	*dreißig*	fourth	4th	*der vierte*
four	*vier*	**forty**	*vierzig*	**fifth**	5th	*der fünfte*
five	*fünf*	**fifty**	*fünfzig*	sixth	6th	*der sechste*
six	*sechs*	sixty	*sechzig*	seventh	7th	*der siebte*
seven	*sieben*	seventy	*siebzig*	eighth	8th	*der achte*
eight	*acht*	eighty	*achtzig*	ninth	9th	*der neunte*
nine	*neun*	ninety	*neunzig*	last		*letzte/r/s*
ten	*zehn*	one hundred	*einhundert*	last but one		*vorletzte/r/s*

•• Schreibe die folgenden Zahlen auf Englisch aus.

1. 23 ______________________

2. 44 ______________________

3. 87 ______________________

4. 13 ______________________

5. 19 ______________________

6. 56 ______________________

7. 101 ______________________

8. 60 ______________________

9. 9 ______________________

10. 148 ______________________

Die Zahlen mit **-teen** (**thirteen, fourteen, fifteen,** etc.) sind leicht zu verwechseln mit den Zahlen, die auf **-ty** enden (**twenty, thirty, forty,** etc.). Den Unterschied zwischen diesen Zahlen kannst du besser behalten, wenn du dir merkst, dass ein **Teenager** jemand ist, der zwischen 13 und 19 Jahren alt ist. Diese Zahlen enden alle auf **-teen**.

•• Überlege bei den folgenden Zahlenreihen, welche Zahl logischerweise als nächstes kommen müsste. Schreibe die jeweils folgende Zahl aus.

1. seven – fourteen – twenty-one – twenty-eight → ______________

2. two – four – eight – sixteen – thirty-two → ______________

3. twenty-five – fifty – seventy-five → ______________

4. eighty-eight – forty-four – twenty-two → ______________

5. twenty – thirty – forty → ______________

6. three – six – nine → ______________

7. five – ten – fifteen – twenty → ______________

8. three – nine – twenty-seven → ______________

••• Schreibe in den folgenden Sätzen jeweils die richtige Zahl aus. Aber aufgepasst: Hier können Grund- und Ordnungszahlen gefragt sein.

1. A is the ______________________ letter in the alphabet.
2. Y is the ______________________ letter in the alphabet.
3. Seven times *(mal)* five makes *(ergibt)* ______________________.
4. Eighty-one divided by *(geteilt durch)* nine makes ______________________.
5. The one who finishes ______________________ wins the gold medal.
6. If you finish ______________________ you win the silver medal.
7. The one who finishes ______________________ wins the bronze medal.
8. If you finish ______________________ you lose the race *(Rennen)*.
9. Ten times four makes ______________________.
10. One hundred divided by four makes ______________________.

2 WORTBILDUNG

2.1 Präfixe im Englischen

• Schau dir die folgenden Beispielsätze an. Achte dabei besonders auf die hervorgehobenen Wörter und trage diese in die Tabelle ein.

1. He completely **misunderstood** the story.
2. Tim doesn't know much about music. He is very **unmusical**.
3. We can't use this. It has to be **non-metal**.
4. We don't meet every week. We only meet **biweekly**.
5. I have got a **prepaid** mobile phone.
6. Welcome to our **semi-annual** meeting.
7. It is very cold outside. You have to put some **antifreeze** in your car.
8. Look at the sky. It is **unclouded**.
9. We will go home if you **misbehave**.
10. "Girl" is a **monosyllabic** word.

1. ______________________
2. ______________________
3. ______________________
4. ______________________
5. ______________________
6. ______________________
7. ______________________
8. ______________________
9. ______________________
10. ______________________

BOXENSTOPP

Präfixe sind Wortteile, die am Wortanfang stehen und die Bedeutung eines Wortes verändern können. Einige hast du oben im Beispiel schon kennengelernt. Die wichtigsten Präfixe im Englischen sind:

Präfix	Deutsche Übersetzung	Beispiel	
anti-	*gegen / anti-*	antirust	*Rostschutzmittel*
bi-	*zwei-*	bipolar	*zweipolig (z.B. ein Magnet)*
counter-	*gegen-*	countermove	*Gegenzug (z.B. beim Schach)*
mono-	*ein- / einfach*	monosyllabic	*einsilbig*
mis-	*falsch / miss-*	misinterpret	*falsch interpretieren*
non-	*nicht / un-*	nonhuman	*nicht menschlich*
pre-	*vor-*	precondition	*Vorbedingung*
semi-	*halb-*	semicircle	*Halbkreis*
tri-	*drei-*	trisyllabic	*dreisilbig*
un-	*nicht / un-*	unclean	*unsauber*

•• Versuche jetzt mit Hilfe der Erklärungen die Wörter aus der Aufwärmübung ins Deutsche zu übersetzen.

1. ______________________

2. ______________________

3. ______________________

4. ______________________

5. ______________________

6. ______________________

7. ______________________

8. ______________________

9. ______________________

10. ______________________

Das Wort **Präfix** kommt aus dem Lateinischen und bedeutet in etwa *vorne festgemacht*.

•• In den folgenden Sätzen sind die Präfixe verloren gegangen. Kannst du sie richtig zuordnen?

mis- **bi-** **un-** **pre-** **counter-** **anti-** **non-** **semi-** **mono-** **tri-**

1. Eine ________ **colour** ist eine Flagge mit drei Farben.
2. Wenn etwas ________ **liquid** ist, dann ist es nur halbflüssig oder zähflüssig.
3. ________ **hear** bedeutet: *etwas falsch verstehen.*
4. Wenn etwas ________ **finished** ist, dann ist es nicht fertig oder unfertig.
5. Eine ________ **school** besucht man, bevor man zur Schule geht.
6. Etwas ist ________ **sense**, wenn es keinen Sinn hat.
7. ________ **clockwise** bedeutet: *gegen den Uhrzeigersinn.*
8. Ein ________ **weight** ist ein Gewicht, das ein anderes ausgleichen soll.
9. **Bottle** ist ________ **syllabic**, es besteht also aus zwei Silben.
10. Wenn etwas ________ **tonous** ist, dann ist es eintönig.

••• Versuche jetzt, die hervorgehobenen deutschen Ausdrücke ins Englische zu übersetzen. Schau dir am besten vorher die Präfixe noch einmal genau an. Los geht's!

1. Der Vorgang läuft **halbautomatisch**. ________________
2. **Counterpart** ist ein **dreisilbiges** Wort. ________________
3. Das ist **unglaublich**! ________________
4. Das kann man **falsch interpretieren**. ________________
5. Wir müssen das Essen **vorwärmen**. (**heat**) ________________
6. Die Sitzungen sind **halbjährlich**. ________________
7. Du musst **Frostschutz** nachfüllen. ________________
8. Sie planen einen **Gegenschlag**. (**attack**) ________________
9. Wir haben die Route falsch **berechnet**. (**calculate**) ________________

2.2 Suffixe im Englischen

- Lies dir die folgenden Sätze genau durch und entscheide, ob die hervorgehobenen Wörter Nomen **(N)**, Adjektive **(A)** oder Verben **(V)** sind.

1. This t-shirt is machine **washable** ( ).
2. If you click this button, you will **activate** ( ) the machine.
3. It's freezing cold. I can't feel the **warmth** ( ) from the heating.
4. **Freedom** ( ) is precious *(wertvoll)*.
5. Don't be so **childish** ( ). You are too old for that.
6. Don't tell me any more of this story. It is too **frightening** ( ).
7. It is too bright in here. Can we **darken** ( ) the room a bit?
8. It is fascinating to watch the baby's **development** ( ).
9. This exercise is too hard. We have to **simplify** ( ) it.

BOXENSTOPP

Suffixe sind Endungen, die man an Wörter anhängen kann. Mit Hilfe der Suffixe kannst du aus Wörtern, die du schon kennst, jede Menge neue Wörter bilden. Es gibt feste Endungen für bestimmte Wortgruppen:

Nomen z.B. infin**ity** *(Unendlichkeit)*, kind**ness** *(Freundlichkeit)*, free**dom** *(Freiheit)*, warm**th** *(Wärme)*, ship**ment** *(Verschiffung)*, fascinat**ion** *(Faszination)*

Adjektive z.B. part**ial** *(teilweise)*, eat**able** *(essbar)*, child**ish** *(kindisch)*, harm**less** *(harmlos)*, interest**ing** *(interessant)*, forget**ful** *(vergesslich)*

Verben z.B. fantas**ize** *(fantasieren)*, black**en** *(schwärzen)*, just**ify** *(rechtfertigen)*, origin**ate** *(entstehen)*

Aber aufgepasst, Sportsfreunde: Welche Endung innerhalb einer Wortgruppe an welches Wort angehängt werden kann, ist nicht frei wählbar. Das muss man für jedes Wort lernen.

- • Trage die Wörter aus der Aufwärmübung (Sätze 1-9) in der jeweils richtigen Spalte ein und unterstreiche die Suffixe.

Nomen	Adjektive	Verben

Hier noch zwei kleine Tipps zur Rechtschreibung: Ein **e** am Wortende fällt weg, wenn ein Suffix angehängt wird: z.B. **possible – possibility** *(möglich – die Möglichkeit)*. Ein **y** fällt weg, wenn ein Suffix angehängt wird, das mit **i** beginnt: z.B. **fantasy – fantasize** *(Fantasie – fantasieren)*.

●● Übersetze die Wörter aus der vorigen Übung ins Deutsche.

Nomen	Adjektive	Verben

●●● Wenn du jetzt noch die folgende Tabelle ausfüllen kannst, dann bist du ein Meister der Suffixe! In der ersten Spalte steht das Ausgangswort (Verb, Adjektiv oder Nomen), an welches das Suffix angehängt wurde, in der zweiten und vierten Spalte die jeweiligen deutschen Übersetzungen.

	Ausgangswort	Übersetzung	Ausgangswort + Suffix	Übersetzung
	develop	entwickeln	**development**	Entwicklung
1.			**lighten**	
2.			**symbolize**	
3.	free			
4.			**emotionless**	
5.		Orgel	**organist**	
6.			**kingdom**	
7.			**sicken**	
8.	bore	langweilen		
9.			**darkness**	
10.	feel			

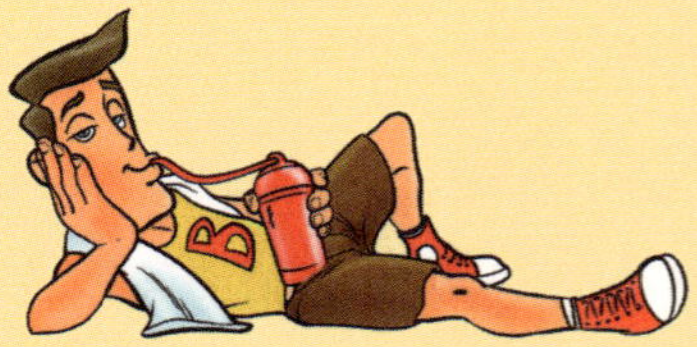

2.3 Zusammengesetzte Wörter im Englischen

- Schau dir die folgenden Sätze genau an und unterstreiche darin alle zusammengesetzten Wörter.

1. Can you give me the toothbrush, please?
2. My granny gave me a goldfish for my birthday.
3. Do you like football? – No, I prefer baseball.
4. Have you seen my handbag? – I think I've seen it in the bathroom.
5. My father is a policeman.

BOXENSTOPP

Man kann im Englischen neue Wörter bilden, indem man zwei schon vorhandene Wörter einfach zusammenfügt. Diese Wörter nennt man **compounds**.

snow + man

snowman
Schneemann

flower + pot

flowerpot
Blumentopf

rain + bow

rainbow
Regenbogen

•• Trage hier die **compounds** aus der Aufwärmübung ein und schreibe die jeweils richtige deutsche Übersetzung daneben.

compound	Übersetzung	compound	Übersetzung

Bei **compounds**, die meistens aus zwei Einzelwörtern bestehen, wird der zweite Teil durch den ersten näher bestimmt. Ein **teapot** ist ein Gefäß für Tee, ein **flowerpot** ein Gefäß für Blumen. Beide Male wird das Wörtchen **pot** *(Gefäß)* verwendet, aber der erste Wortteil bestimmt näher, um welche Art von Gefäß es sich genau handelt.

●● Füge jeweils ein Wort aus der linken und ein Wort aus der mittleren Spalte zu sinnvollen **compounds** zusammen. Beginne jeweils mit dem erstgenannten Wort, das Beispiel zeigt dir, wie es geht!

Einzelwörter		compound
1. class	board	1. classroom
2. straw	man	2.
3. key	shine	3.
4. water	room	4.
5. sun	noon	5.
6. wind	ache	6.
7. fire	pot	7.
8. head	berry	8.
9. after	mill	9.
10. flower	fall	10.

●●● Wenn du jetzt noch mit Hilfe der Hinweise die richtigen compounds findest, dann hast du verstanden, wie man Wörter zusammenfügt. Bist du bereit? Dann mal los...

board | grass | hopper | tea | tooth | house | pencil

sky | scraper | mother | ball | grand | butter

black | pot | case | hand | fly | boat | brush

1. A very high building. ____________
2. Something your teacher writes on at school. ____________
3. You drink tea out of it. ____________
4. A famous sport in Germany (not football). ____________
5. An insect with colourful wings. ____________
6. Your mother's mother is your... ____________
7. You put your rubber, ruler and pens into your... ____________
8. You clean your teeth with it. ____________
9. A small, green jumping insect. ____________
10. A big boat you can live on. ____________

3 IN DER SCHULE

- In der Wortschnecke haben sich 11 Schulfächer versteckt. Kannst du sie alle finden? Schreibe deine Lösungen auf und achte dabei auch auf die Groß- und Kleinschreibung.

1.
2.
3.
4.
5.
6.
7.
8.
9.
10.
11.

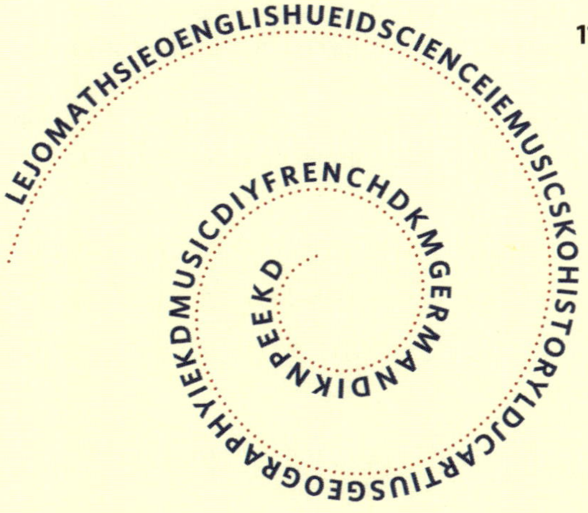

BOXENSTOPP

Achte bei den **sprachlichen Fächern** darauf, dass du die Großschreibung benutzt (**English, French, German, Spanish, Latin,** etc.). Abkürzungen wie **PE** für **physical education** *(Sport)* oder **RE** für **religious education** *(Religionslehre)* werden ebenfalls groß geschrieben. Hier noch einige Wörter, die du unbedingt kennen solltest:

headmaster (UK) **principal** (US)	*Direktor*	**assembly hall** (UK) **auditorium** (US)	*Aula*
secretary	*Sekretärin*	**library**	*Bibliothek*
caretaker (UK) **janitor** (US)	*Hausmeister*	**timetable**	*Stundenplan*
		schoolyard	*Schulhof*

•• Hier kannst du deinen eigenen Stundenplan eintragen. Achte wieder auf Groß- und Kleinschreibung.

Uhrzeit	**Monday**	**Tuesday**	**Wednesday**	**Thursday**	**Friday**

Britische und amerikanische Schulen sind Ganztagesschulen. Die Kinder haben mittags eine längere Mittagspause (**lunch break**) und danach noch einige Stunden Unterricht. Hausaufgaben werden meistens direkt in der Schule gemacht. In den USA wiederholt sich der Stundenplan täglich, das heißt, wenn du in den USA zur Schule gehen würdest, dann hättest du jeden Tag zur gleichen Uhrzeit den gleichen Unterricht.

•• In diesem Gitternetz sind 15 Begriffe versteckt, die etwas mit der Schule zu tun haben. Kannst du sie alle finden?

Z	U	R	U	B	B	E	R	R	Z	G	B	M
B	S	C	H	O	O	L	B	U	S	L	B	P
L	S	E	K	B	P	W	Y	P	V	Y	O	E
A	Y	R	B	I	R	O	U	E	V	W	O	N
C	H	A	L	K	Z	Y	B	N	H	W	K	C
K	T	Z	D	E	S	K	J	T	V	B	E	I
B	T	U	D	B	E	R	H	K	C	T	R	L
O	E	K	P	K	E	G	L	U	E	J	U	C
A	A	L	U	D	G	E	R	Y	T	Z	L	A
R	C	U	P	F	K	E	W	L	C	N	E	S
D	H	T	I	M	E	T	A	B	L	E	R	E
Y	E	N	L	J	E	Y	R	T	K	U	Y	B
I	R	E	K	H	O	M	E	W	O	R	K	L

1. ______________	6. ______________	11. ______________
2. ______________	7. ______________	12. ______________
3. ______________	8. ______________	13. ______________
4. ______________	9. ______________	14. ______________
5. ______________	10. ______________	15. ______________

••• Hier sind einige Sätze, die du wahrscheinlich schon öfter in der Schule gehört hast. Versuche, sie ins Deutsche oder eben ins Englische zu übersetzen.

English	German
1. ______________	Setzt euch bitte hin.
2. Take the chalk (*Kreide*).	______________.
3. ______________?	Kannst du bitte das Fenster öffnen?
4. ______________?	Wo ist dein Mäppchen?
5. Go to the headmaster's office.	______________.
6. Can you close the door, please?	______________?
7. If you know the answer, lift your arm.	______________.
8. ______________.	Herr Hill ist heute krank.

4 EUROPA

• Lies dir die folgenden Sätze genau durch. Unterstreiche darin die Ländernamen rot und die dazugehörigen Adjektive blau.

1. Cathérine is French. She lives in a small town in France.
2. Martin likes Italian food. He lived in Italy for some years.
3. Sarah's father is Greek, but she has never been to Greece herself.
4. Torben comes from Sweden. He has got a Swedish passport.
5. Susan learns Spanish. She wants to go to Spain next summer.
6. Switzerland is famous for watches. Swiss watches are popular all over the world.
7. If you go to Belgium, you have to try a Belgian waffle.

BOXENSTOPP

Manche Bezeichnungen (z.B. Städte- und Flussnamen) sind im Englischen anders als im Deutschen. Hier sind einige Bezeichnungen aus Deutschland, Österreich und der Schweiz, die du dir merken solltest.

Upper Austria	*Oberösterreich*	Lüneburg Heath	*Lüneburger Heide*
Lake Constance	*Bodensee*	Munich	*München*
Danube	*Donau*	Nuremberg	*Nürnberg*
Rhine	*Rhein*	Hanover	*Hannover*
The North Sea	*Nordsee*	Cologne	*Köln*
The Baltic Sea	*Ostsee*	Vienna	*Wien*
The Black Forest	*Schwarzwald*	Bavaria	*Bayern*
Bavarian Forest	*Bayerischer Wald*	Hesse	*Hessen*
Styria	*Steiermark*	Rhineland-Palatine	*Rheinland-Pfalz*
Carinthia	*Kärnten*	Franconia	*Franken*

Vergiss nicht, dass alle **Länder-, Städte- und Nationalitätenbezeichnungen** sowie **Namen** (auch Städte oder Flüsse) **immer groß geschrieben** werden. **Politische Bezeichnungen** wie **Federal Republic of Germany** *(Bundesrepublik Deutschland)* und **United Kingdom** *(Vereinigtes Königreich)* stehen immer **mit dem bestimmten Artikel the**:

I live in the Federal Republic of Germany. *Ich lebe in Deutschland.*

•• In der folgenden Liste sind einige Ländernamen Europas eingetragen. Allerdings fehlt jeweils entweder das Land oder das Adjektiv, mit dem man die dazugehörige Sprache oder die Leute bezeichnet, die in dem Land wohnen. Kannst du die fehlenden Wörter ergänzen?

Ländername	Adjektiv	Ländername	Adjektiv
1. Germany	___________	**8.** ___________	Belgian
2. ___________	Swiss	**9.** Austria	___________
3. ___________	Italian	**10.** England	___________
4. Spain	___________	**11.** ___________	Portuguese
5. France	___________	**12.** Denmark	___________
6. ___________	Norwegian	**13.** Sweden	___________
7. Greece	___________	**14.** ___________	Finnish

Wusstest du, dass es für Ireland *(Irland)* noch eine andere Bezeichnung gibt? Wegen den zahlreichen grünen Wiesen, die fast das gesamte Land bedecken, nennt man *Irland* auch Emerald Island, was soviel heißt wie *Smaragd-Insel* oder *grüne Insel*.

••• Ergänze im Folgenden jeweils das richtige Wort. Die einzelnen Sätze geben dir Hinweise auf ein Land (z.B. **Sweden**) oder eine Nationalität (z.B. **Swedish**). Wenn du das schaffst, dann hast du diese Lektion super verstanden!

1. Pizza is a famous ______________ dish *(Gericht)*.

2. ______________ is famous for kebabs and baklava.

3. You can find the Eiffel Tower in ______________.

4. Some people in ____________________ have beans on toast for breakfast.

5. Françoise, Jean, Claude and Catherine are ____________________ names.

6. The first marathon run took place in ______________.

7. Mozart was ______________. He was born in Salzburg.

8. Flamenco is a ______________ dance.

9. I have got a Yorkshire terrier. It's an ______________ dog.

10. ______________ is famous for its high-quality *(hochwertig)* watches.

5 IN DER STADT

- Schau dir die folgenden Sätze genau an und ergänze die Lücken in der deutschen Übersetzung. Die Vokabelangaben im Boxenstopp helfen dir dabei.

1. How do I get to the old part of town?
Wie komme ich zur ______________?

2. Go straight on until you get to the cinema.
Gehe ______________, bis du zum Kino kommst.

3. Turn right at the first set of traffic lights.
Biege an der ersten ______________ rechts ab.

4. At the roundabout, take the second exit.
Nimm im Kreisverkehr die zweite ______________.

BOXENSTOPP

Hier findest du einige Wendungen, die du sicher gut gebrauchen kannst, wenn du nach dem Weg fragen willst.

Turn left.	*Biege links ab.*	zebra crossing	*Zebrastreifen*
Turn right.	*Biege rechts ab.*	subway (UK) (pedestrian) underpass (US)	*(Fußgänger-) Unterführung*
Go straight on.	*Gehe geradeaus.*	pedestrian precinct (UK) pedestrian mall (US)	*Fußgängerzone*
bend	*Kurve*	old part of town	*Altstadt*
(set of) traffic lights	*Ampel*	It's on the left.	*Es befindet sich links.*
roundabout	*Kreisverkehr*	It's on the right.	*Es befindet sich rechts.*

•• **Wo** findet man **was** im Supermarkt?

In der Tabelle siehst du drei Abteilungen in einem Supermarkt. Weißt du, was man dort finden kann? Ordne die aufgeführten Produkte den einzelnen Abteilungen zu.

| milk | jelly bears | pens | chocolate bars | glue |
| chewing gum | cheese | yogurt | envelopes |

stationery (*Schreibwaren*)	**confectionery** (*Süßwaren*)	**dairy products** (*Milchprodukte*)

•• Lies dir die Hinweise auf der linken Seite durch und ordne sie dann den passenden Gebäuden rechts zu. Die richtigen Lösungen findest du wie immer im Anhang!

1. You can go there if you want to buy bread.	**a. post office**
2. They look after your money in this building.	**b. hospital**
3. You can go there on Sundays and listen to a service.	**c. police station**
4. He sells meat.	**d. church**
5. You can go there when you get robbed *(ausgeraubt)*.	**e. bakery**
6. They sell stamps and stationery.	**f. butcher**
7. If you you are ill, you have to go to this place.	**g. restaurant**
8. If a car runs out of fuel *(Benzin)*, you can buy some there.	**h. bank**
9. You can have a meal there.	**i. cinema**
10. They show the latest *(neuesten)* movies in this building.	**j. petrol station**

Aufgepasst beim Einkauf in der Stadt: Hosen (z.B. **jeans, shorts, underpants** *(Unterhosen)*, etc.) stehen im Englischen immer im Plural! Sieh dir hierzu auch das nachfolgende Verkaufsgespräch an.

••• Vervollständige nun noch das folgende Verkaufsgespräch mit den vorgegebenen Begriffen.

How much | Good morning | are | sale | change | take | looking | take | small | help you | size

Client:	Good morning.
Shop assistant:	(1) ______________, Madam. How can I (2) ______________?
Client:	I'm (3) ______________ for a pair of trousers.
Shop assistant:	Sure, Madam. What (4)__________ do you take?
Client:	I (5) __________ size 12.
Shop assistant:	Here you are, Madam. What do you think?
Client:	I think it's too (6) __________. I need a bigger size.
Shop assistant:	How about these ones here?
Client:	These are perfect. I'll (7) __________ them. (8) __________ are they?
Shop assistant:	They are on (9) __________. Just £29.90, Madam.
Shop assistant:	*(At the cash desk)* That's £ 29.90 then, Madam.
Client:	Here you (10) __________.
Shop assistant:	Thank you very much. That's 10 pence (11) __________ for you.

6 FUN TIME

• Lies dir die folgenden Sätze links einmal durch und versuche dann, die Vokabeln rechts daneben ins Deutsche zu übersetzen.

Red lorry, yellow lorry.	**1. lorry** = ______________
Red bulb, blue bulb.	**2. bulb** = ______________
Which wristwatches are Swiss wristwatches?	**3. wristwatch** = ______________
	4. swiss = ______________
A box of mixed biscuits, a mixed biscuit box.	**5. mixed** = ______________
	6. biscuits = ______________
Peter Piper picked a peck of pickled peppers,	**7. to pick** = ______________
A peck of pickled peppers Peter Piper picked.	**8. pickled** = ______________
If Peter Piper picked a peck of pickled peppers,	**9. peppers** = ______________
How many pickled peppers did Peter Piper pick?	

BOXENSTOPP

Bestimmt bist du beim Lesen der Sätze in der Aufwärmübung ein bisschen ins Stocken geraten, richtig? Es handelt sich hier um bekannte englische Zungenbrecher, so genannte **tongue twisters**. Diese sind deshalb so schwer auszusprechen, weil sie Wörter enthalten, die mit den gleichen Buchstaben beginnen und sich insgesamt sehr ähnlich anhören.

•• Sprich die **tongue twisters** aus der Aufwärmübung jeweils dreimal schnell hintereinander aus. Es ist gar nicht so leicht, sich dabei nicht zu versprechen, stimmt's? Wenn du das geschafft hast, kannst du versuchen, dein Buch zu schließen und die Zungenbrecher ohne Hilfe aufzusagen. Viel Spaß!

•• Den folgenden Kinderreim kennt im englischsprachigen Raum fast jeder. Lies ihn dir einmal durch und sprich nach. Versuche dann, den Reim ins Deutsche zu übersetzen. Deine Übersetzung muss sich nicht unbedingt reimen.

Humpty Dumpty sat on a wall, ______________________

Humpty Dumpty had a great fall, ______________________

All the King's horses and all the King's men, ______________________

Couldn't put Humpty together again. ______________________

Humpty Dumpty ist eine sehr bekannte Figur, genauer gesagt: ein Ei! Er stammt aus dem englischen Kinderreim **Mother Goose** *(Mutter Gans)*. Du kennst ihn vielleicht aber auch aus dem Märchen **Alice in Wonderland** *(Alice im Wunderland)* von Lewis Carroll.

•• Lies dir die folgenden Witze durch und versuche dann jeweils, die Vokabeln darunter ins Deutsche zu übersetzen. Wenn du sie dir gut merkst, kannst du die Witze in der Schule erzählen!

An elementary school teacher sends a message to all parents on the first day of school.

"If you promise not to believe everything your child says happens at school, I will promise not to believe everything your child says happens at home."

elementary school = ________________

Two balloons are flying across the desert. One balloon says to the other, "Look out for the cactussssssssssssss!"

look out for = ________________

The teacher says, "Mary, can you give me a sentence beginning with 'I', please."

Mary thinks for a second and then says, "I is..."

The teacher interrupts her and says, "No Mary, you cannot say 'I is...' - you must use 'I am...'."

Mary looks upset and says, "But Miss..."

The teacher shouts, "Give me a sentence that begins with 'I am', please."

Mary shrugs her shoulders and says, "I am the ninth letter of the alphabet."

interrupt = ________________

upset = ________________

shrug one's shoulders = ________________

••• Hast du Lust, zum Schluss noch ein paar **rebus puzzles** zu lösen? Das geht so: Ein **rebus puzzle** löst man, indem man die angegebenen Buchstaben, deren Anordnung und Darstellung miteinander verbindet und ein sinnvolles Wort, einen gebräuchlichen Ausdruck oder eine Redewendung im Englischen damit beschreibt. Hier musst du also „um die Ecke" denken! Das Beispiel zeigt dir, wie es funktioniert.

ARREST **YOU ARE**	*You are under arrest.*
talk	1. ________________
MI1LLION	2. ________________
XQQQME	3. ________________
BIG BIG ignore ignore	4. ________________

7 DAS WETTER

- Ergänze die Lücken im folgenden Text.

Wenn du beschreiben willst, wie das Wetter ist, dann musst du immer vier Dinge angegeben: die (1) ________________ (in °C oder °F), die **Bewölkung**, den **Niederschlag** und die (2) ____________________, aus welcher der Wind kommt.

Kannst du die fehlenden Himmelsrichtungen einfügen?

(3) ________

Northwest

(4) ________

(6) ________

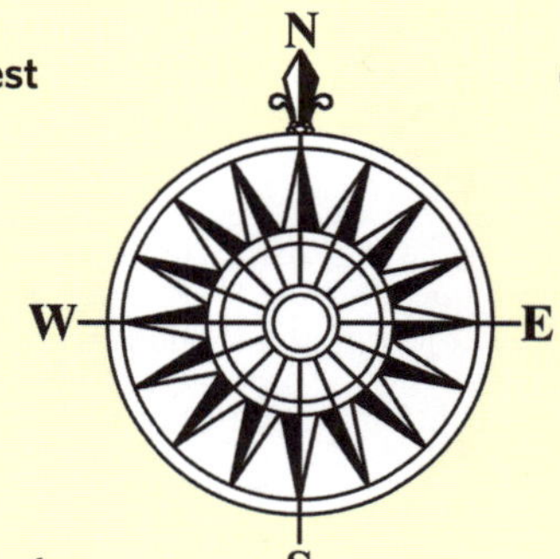

East

Southwest

(5) ________

South

BOXENSTOPP

Hier sind einige Wörter, die du gut gebrauchen kannst, wenn du übers Wetter sprechen möchtest:

weather forecast	*Wettervorhersage*	**sunny**	*sonnig*
low	*Tiefsttemperatur*	**cloudy**	*wolkig*
high	*Höchsttemperatur*	**rain**	*Regen*
heavy	*stark*	**snow**	*Schnee*
light	*leicht*	**sleet**	*Graupel*
partly	*teilweise*	**blizzard**	*Schneesturm*
mostly	*meist*	**sleet shower**	*Graupelschauer*
storm	*Sturm*	**shower**	*Schauer*
lightning	*Blitz*	**thunder**	*Donner*

•• In den folgenden zwei Wortschlangen sind insgesamt zwölf Wörter versteckt, die etwas mit dem Wetter zu tun haben. Findest du sie alle? Trage die Begriffe in der Tabelle unten ein.

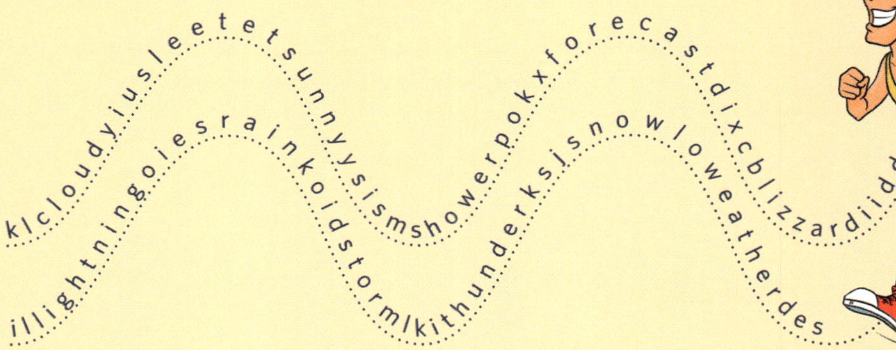

Wortschlange 1	Wortschlange 2
1. ______	1. ______
2. ______	2. ______
3. ______	3. ______
4. ______	4. ______
5. ______	5. ______
6. ______	6. ______

In den USA benutzt man zur Angabe der Temperatur nicht **Grad Celsius (°C)**, sondern **Grad Fahrenheit (°F)**. Man findet diese Temperaturangaben auch noch in Großbritannien, aber Grad Celsius hat dort Grad Fahrenheit weitestgehend abgelöst. Hier findest du eine Umrechnungstabelle:

°C	°F	°C	°F	°C	°F	°C	°F
-15	5	0	32	+10	50	+25	77
-10	14	+1	33,8	+15	59	+30	86
-5	23	+5	41	+20	68	+35	95

•• Hier siehst du die Wettervorhersagen für vier Städte, die du bestimmt kennst. Trage einen Pfeil für die Windrichtung ein und ein Symbol (also eine Regenwolke, Sonne, etc.) für die Beschreibung der Wetterverhältnisse. Bei der Umrechnung der Angaben von Grad Fahrenheit zu Grad Celsius kannst du auch ungefähre Angaben machen, wenn die genaue Zahl nicht in der Umrechnungstabelle angegeben ist. Los geht's!

London

Wind: North	↓
Heavy rain	
Low: 14°F	**-10** °C
High: 27 °F	_______ °C

Sheffield

Wind: South	
Light snow	
Low: 23°F	_______ °C
High: 35 °F	_______ °C

Los Angeles

Wind: Northwest	
Sunny	
Low: 68°F	_______ °C
High: 90 °F	_______ °C

Hong Kong

Wind: Southeast	
Thunder and lightning	
Low: 60°F	_______ °C
High: 77°F	_______ °C

••• Mit der folgenden Tabelle kannst du die Wetterverhältnisse an deinem Wohnort eine Woche lang beobachten. Fange am besten an einem Montag an. Trage für die Windrichtung einen Pfeil ein, beschreibe in der zweiten Zeile die Wetterverhältnisse (**sunny, cloudy, heavy rain,** etc.), zeichne dazu ein Symbol (Sonne, Regenwolke, etc.) und ergänze zum Schluss noch die Höchst- und Tiefsttemperaturen. Na, ist bei dir gutes Wetter?

	Monday	**Tuesday**	**Wednesday**	**Thursday**
Wind:				
Weather:				
Temperature: High	___°C / ___°F	___°C / ___°F	___°C / ___°F	___°C / ___°F
Low	___°C / ___°F	___°C / ___°F	___°C / ___°F	___°C / ___°F

	Friday	**Saturday**	**Sunday**
Wind:			
Weather:			
Temperature: High	___°C / ___°F	___°C / ___°F	___°C / ___°F
Low	___°C / ___°F	___°C / ___°F	___°C / ___°F

8 FAMILIE

- In der folgenden Wortschnecke sind 10 Begriffe versteckt, die etwas mit der Familie zu tun haben. Findest du sie alle? Schreibe die Wörter in die dafür vorgesehenen Zeilen auf der rechten Seite.

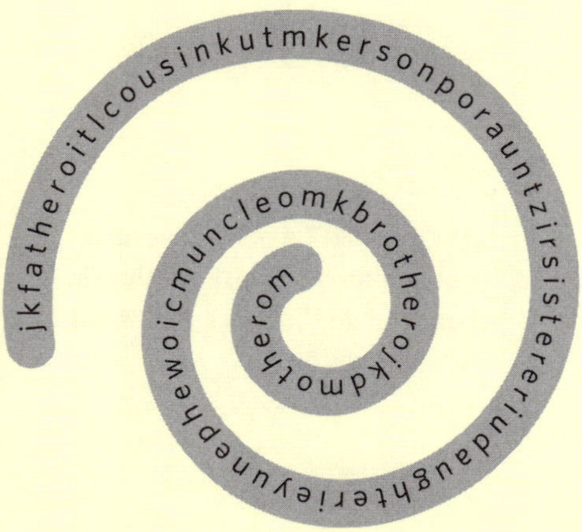

1.
2.
3.
4.
5.
6.
7.
8.
9.
10.

BOXENSTOPP

Bestimmt kennst du schon einige Wörter, die Familienmitglieder beschreiben. Hier sind noch einmal die wichtigsten Begriffe:

parents (mother / father)	*Eltern (Mutter / Vater)*
siblings (sister / brother)	*Geschwister (Schwester / Bruder)*
grandparents (grandmother / grandfather)	*Großeltern (Großmutter / Großvater)*
niece / nephew	*Nichte / Neffe*
cousin	*Cousine / Cousin*
aunt / uncle	*Tante / Onkel*
wife / husband	*Ehefrau / Ehemann*

Anstelle der deutschen Vorsilbe *Ur-* (wie z.B. in *Urgroßvater*) wird im Englischen das Adjektiv **great** verwendet:

great grandfather	*Urgroßvater / Urgroßmutter*
great-great grandfather	*Ururgroßvater / Ururgroßmutter*

•• Hier sind einige Buchstaben durcheinander geraten. Findest du heraus, um welches Familienmitglied es sich jeweils handelt?

1. **treghadu** ____________
2. **wehpen** ____________
3. **nuta** ____________
4. **ecien** ____________
5. **rhtbore** ____________
6. **nos** ____________
7. **suinco** ____________
8. **thorem** ____________
9. **tgrnafhdare** ____________
10. **tissre** ____________

Verwandtschaftswörter, die im Deutschen mit *Schwieger-* beginnen, werden im Englischen mit **in-law** übersetzt. Die *Schwiegermutter* heißt also **mother-in-law**, und **son-in-law** ist der *Schwiegersohn*. Ach ja, und der *Schwager* heißt auf Englisch **brother-in-law**.

••• Lies dir die folgenden Sätze durch und entscheide, ob sie richtig oder falsch sind.

	Richtig	Falsch
1. My sister's son is my cousin.	☐	☐
2. My mother's sister is my aunt.	☐	☐
3. My grandfather's father is my great grandfather.	☐	☐
4. The children of my father's brother are my nephews.	☐	☐
5. My mother's father is my uncle.	☐	☐
6. My husband's mother is my mother-in-law.	☐	☐

••• Zur Belohnung darfst du jetzt noch ein bisschen malen! Zeichne ein Bild von deiner Familie (Eltern, Geschwister, Großeltern) und benenne jedes Familienmitglied mit den Bezeichnungen, die du in diesem Kapitel geübt hast.

9 BERUFE

• Sieh dir die folgenden Beispielsätze genau an. Mit welcher Zeitform werden Berufsbezeichnungen im Englischen angegeben?

Jules: "What does you father do?"
Nick: "He is a shop assistant. And your father?"
Jules: "He works as a policeman. He arrests people. And what does your mother do?"
Nick: "She is a waitress."

Berufsbezeichnungen stehen im Englischen mit dem ____________________.

BOXENSTOPP

Bei den meisten Berufsbezeichnungen gibt es im Englischen für Männer und Frauen nur eine Form, z.B. **dentist** *(Zahnarzt / Zahnärztin)*. Nur bei manchen Berufsbezeichnungen unterscheidet man zwischen einer männlichen und einer weiblichen Form:

actor	*Schauspieler*	**actress**	*Schauspielerin*
waiter	*Kellner*	**waitress**	*Kellnerin*
policeman	*Polizist*	**policewoman**	*Polizistin*

•• In diesem Gitternetz sind 15 Berufsbezeichnungen versteckt. Kannst du sie alle finden? Trage die Begriffe in die Liste auf der nächsten Seite ein.

E	W	I	P	S	R	B	U	S	D	R	I	V	E	R
U	A	T	P	X	X	U	O	L	M	V	R	Y	M	U
H	I	Z	O	Y	C	L	E	A	N	E	R	L	Z	X
A	T	L	S	N	H	Z	D	M	U	L	S	R	F	G
I	R	B	T	M	E	H	C	R	R	H	J	K	S	R
R	E	S	M	K	F	B	B	T	S	K	C	X	N	M
D	S	C	A	R	U	V	J	D	E	N	T	I	S	T
R	S	H	N	Z	O	C	H	D	F	U	J	M	X	W
E	P	O	L	I	C	E	M	A	N	M	R	E	R	T
S	U	S	E	C	R	E	T	A	R	Y	I	J	F	E
S	R	E	Z	O	P	L	U	M	B	E	R	L	A	A
E	C	V	M	L	A	P	L	G	V	M	W	X	R	C
R	M	C	A	R	P	E	N	T	E	R	L	M	M	H
S	U	K	M	K	L	S	R	T	V	H	T	J	E	E
D	O	C	T	O	R	X	P	L	K	V	X	W	R	R

1. ______________
2. ______________
3. ______________
4. ______________
5. ______________
6. ______________
7. ______________
8. ______________
9. ______________
10. ______________
11. ______________
12. ______________
13. ______________
14. ______________
15. ______________

Aufgepasst, Sportsfreunde: Im Deutschen sagt man z.B. *Er ist Schreiner.* oder *Sie ist Ärztin.* Im Englischen wird jedoch immer der unbestimmte Artikel vor die Berufsbezeichnung gesetzt:

He is **a** carpenter. She is **a** doctor.

•• Übersetze die Berufsbezeichnungen ins Deutsche, die du im Gitternetz in der vorigen Übung gefunden hast.

1. ______________
2. ______________
3. ______________
4. ______________
5. ______________
6. ______________
7. ______________
8. ______________
9. ______________
10. ______________
11. ______________
12. ______________
13. ______________
14. ______________
15. ______________

••• Ordne die Satzteile auf der rechten Seite den jeweils richtigen Satzanfängen links zu, dann kennst du dich mit Berufen bestens aus!

1. If you are a nurse,
2. A chef
3. A bus driver is someone who
4. Architects
5. A postman is someone who
6. If you are a waiter,
7. Fire fighters
8. Detectives
9. If you are a builder,
10. A hairdresser is someone who

a. plan houses.
b. you serve drinks and meals in restaurants.
c. you look after people in hospital.
d. stop fire.
e. drives a bus.
f. you build houses, bridges, etc.
g. brings you the mail.
h. cuts your hair.
i. cooks in restaurants.
j. solve crimes.

Bist du bereit für einen Wortschatztest? Du hast 45 Minuten Zeit, um die Aufgaben zu lösen. Für jede richtige Antwort bekommst du einen Punkt!

Schreibe hier deine Startzeit auf: ________________ Uhr. **Auf die Plätze, fertig, los!**

Zahlen

PUNKTE

Überlege bei den folgenden Zahlenreihen, welche Zahl logischerweise als nächstes kommen müsste. Schreibe die gesuchten Zahlen aus.

1. twelve - twenty-four - forty-eight → ______________________________
2. four - twelve - thirty-six → ______________________________
3. eighty - forty - twenty → ______________________________

Präfixe im Englischen

PUNKTE

Übersetze die folgenden Wörter ins Deutsche.

1. unreal ______________________________
2. misunderstand ______________________________
3. monosyllabic ______________________________

Suffixe im Englischen

PUNKTE

Bilde Nomen aus den folgenden Wörtern.

1. develop ______________________________
2. fascinate ______________________________
3. free ______________________________

Zusammengesetzte Wörter im Englischen

PUNKTE

Zusammengesetzte Wörter nennt man im Englischen ______________________:

In der Schule

PUNKTE

Übersetze Martins Stundenplan für Montag und Dienstag ins Englische.

Montag	Monday	Dienstag	Tuesday
Englisch	1. ________________	**Spanisch**	5. ________________
Deutsch	2. ________________	**Geografie**	6. ________________
Religion	3. ________________	**Kunst**	7. ________________
Musik	4. ________________	**Sport**	8. ________________

Wortschatz

TEST

PUNKTE

Europa

In der folgenden Liste fehlt jeweils entweder ein Land oder das dazugehörige Adjektiv, mit dem man die jeweilige Sprache oder die Menschen bezeichnet, die in einem Land leben. Trage die fehlenden Wörter in die Lücken ein.

France	**1.** ______	**5.** ______	**Spanish**
2. ______	**Italian**	**Greece**	**6.** ______
3. ______	**Irish**	**England**	**7.** ______
Switzerland	**4.** ______	**8.** ______	**German**

PUNKTE

In der Stadt

Weißt du noch, wie man die folgenden Begriffe ins Englische übersetzt?

1. Zebrastreifen ______
2. Kreisverkehr ______
3. Altstadt ______
4. Ampel ______
5. Gehe geradeaus. ______
6. Biege links ab. ______

PUNKTE

Wetter

Trage die fehlenden Himmelsrichtungen auf dem Kompass ein.

North

Northwest

(1) ______

West

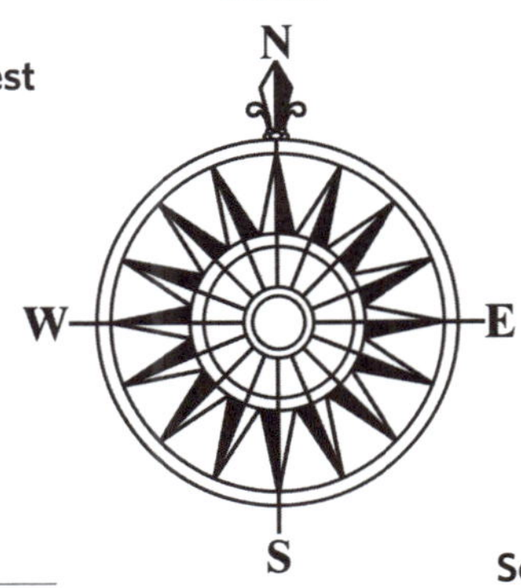

(2) ______

(4) ______

Southeast

(3) ______

In den USA benutzt man anstelle von °Celsius die Bezeichnung °(5) ______.

0°C entsprechen (6) ______°F.

Familie

PUNKTE

Lies dir die folgenden Sätze durch und entscheide jeweils, ob die Aussage richtig oder falsch ist.

	Richtig	Falsch
1. My sister Joanne and my brother Joe are my cousins.	☐	☐
2. My grandmother's mother is my great grandmother.	☐	☐
3. My father's sister is my aunt.	☐	☐
4. My sister's son is my niece.	☐	☐
5. The children of my mother's sister are my cousins.	☐	☐
6. My father's wife is my mother-in-law.	☐	☐

Berufe

PUNKTE

Berufsbezeichnungen werden im Englischen immer mit folgender Zeitform angegeben:

(1) ________________. Anders als im Deutschen steht im Englischen vor der Berufsbezeichnung

immer der (2) ________________________________.

Beispiel: Sie ist Ärztin. → She (3) ________________.

Kannst du die folgenden Berufsbezeichnungen erraten?

4. A ____________________ is someone who looks after your teeth.

5. A ____________________ is someone who cuts your hair.

6. A ____________________ is someone who cooks in restaurants.

PUNKTE GESAMT

Geschafft! Vergleiche nun deine Antworten mit dem Lösungsteil auf Seite 115. Für jede richtige Antwort bekommst du einen Punkt. Trage deine Punkte in das dafür vorgesehene Feld bei jeder Aufgabe ein und rechne deine Gesamtpunktzahl aus.

Meine Gesamtpunktzahl: ____________ / 50

50 - 40 PUNKTE

Einfach spitze! Dein Wortschatz ist sehr groß! Du bist der Wortschatz-Champion!

39 - 20 PUNKTE

Eine gute Ausgangsposition, um dich noch zu verbessern! Überprüfe noch einmal, wo du Fehler gemacht hast und versuche die Wortschatzaufgaben richtig zu lösen.

19 - 0 PUNKTE

Es ist noch kein Meister vom Himmel gefallen! Schau dir am besten die Boxenstopps und Lerntipps noch einmal an und arbeite den Übungsteil erneut durch. Mit ein bisschen mehr Übung ist dann auch Silber oder sogar Gold drin!

1 ZAHLEN

• Dann trainieren wir jetzt noch das Hörverstehen, einverstanden? Höre dir zum Aufwärmen die Zahlen an und schreibe sie auf. Los geht's!

TR. 1

1. 14	5. ______	9. ______
2. ______	6. ______	10. ______
3. ______	7. ______	11. ______
4. ______	8. ______	12. ______

BOXENSTOPP

Aufgepasst: Telefonnummern musst du im Englischen als **einzelne Zahlen** nacheinander sprechen. Hier ein Beispiel:

My number is 1-3-4-5-7.

Doppelte und **dreifache** Zahlen werden oft auch mit **double** und **triple** angegeben, also so:

My number is 22-5-888 [**double** 2 – five – **triple** 8].

•• **What time is it, please?**

Höre dir die Zeitansagen auf der CD an und zeichne jeweils die Zeiger in die Uhren ein. Hast du die Uhrzeiten verstanden?

TR. 2

1.

2.

3.

4.

5.

6.

•• Hannas Telefonbuch

Im Telefonbuch von Hanna fehlen noch einige Namen. Höre dir den Text auf der CD an und schreibe dann die fehlenden Namen neben die jeweils passende Telefonnummer.

TR. 3

Mike	Tel.: 9836332	____________	Tel: 3472099
____________	Tel.: 9772564	____________	Tel.: 3477730
____________	Tel.: 9225758	____________	Tel.: 9783692

Und noch ein Zahlwort, das du dir unbedingt merken solltest, vor allem, wenn du Lebensmittel einkaufen möchtest:

a / one **dozen** — *ein Dutzend (12 Stück)*
half a **dozen** — *ein halbes Dutzend (6 Stück)*

•• Eine Einkaufsliste

Sarah möchte am Wochenende ihre Freunde zu einem Abendessen einladen und etwas Leckeres kochen. Höre dir den Text auf der CD an und notiere, wie viel Sarah von jedem Lebensmittel einkaufen muss.

TR. 4

1. ____________ **flour**
2. ____________ **feta cheese**
3. ____________ **beef steaks**
4. ____________ **butter**
5. ____________ **eggs**
6. ____________ **coconut milk**
7. ____________ **tomatoes**
8. ____________ **crème fraîche**
9. ____________ **potatoes**
10. ____________ **natural yoghurt**

••• How much was it?

Höre dir den Text auf der CD genau an und rechne aus, wie viel Sarah insgesamt für ihren Einkauf ausgegeben hat. Sie hat von ihrem Vater £30,00 für den Einkauf bekommen. Hat das Geld ausgereicht?

TR. 5

2 WOHER KOMMST DU?

- Kannst du dich noch an die englischen Bezeichnungen für Länder und die dazugehörigen Sprachen erinnern?

TR. 6

Höre dir die Beispiele auf der CD genau an. Du hörst dort Bezeichnungen für eine Nationalität (z.B. **German**), denen du ein Land zuordnen sollst (in diesem Fall also **Germany**). Trage das jeweils dazugehörige Land in die folgende Liste ein.

1. ______________________ 5. ______________________
2. ______________________ 6. ______________________
3. ______________________ 7. ______________________
4. ______________________ 8. ______________________

BOXENSTOPP

Hier sind einige Vokabeln, die dir helfen, den nächsten Text auf der CD besser zu verstehen:

bullfight	*Stierkampf*	**probably**	*vermutlich*
beach	*Strand*	**(to) look alike**	*gleich aussehen*
both	*beide*	**waffle**	*Waffel*

•• Höre dir die Aussagen der sechs Kinder auf der CD genau an. Findest du heraus, aus welchem Land sie kommen?

TR. 7

Louis
1. ______________________

Marta
2. ______________________

Marcus
3. ______________________

Björn
4. ______________________

Nadine
5. ______________________

Alex
6. ______________________

In der nächsten Übung musst du einige Details zu den einzelnen Personen aufschreiben. Das ist gar nicht so einfach. Versuche dennoch, alle wichtigen Dinge herauszufinden. Du kannst dir den Text dazu ruhig mehrere Male anhören.

•• Höre dir nun noch einmal die Aussagen der Kinder an und versuche dir zu notieren, was jedes einzelne Kind sagt. Vergleiche deine Notizen anschließend mit dem Audiotext im Anhang.

TR. 7

Louis: ______________________________

Marta: ______________________________

Marcus: ______________________________

Björn: ______________________________

Nadine: ______________________________

Alex: ______________________________

••• Beantworte nun noch die folgenden Fragen. Natürlich kannst du dazu deine Notizen aus der vorigen Übung zu Hilfe nehmen.

1. Who has got no brothers or sisters? ______________
2. Whose mother is a housewife? ______________
3. Who lives together with his grandmother? ______________
4. Who has just got one brother or sister? ______________
5. Who is the youngest child? ______________

3 EIN BESUCH IN LONDON

• Erinnerst du dich noch an die wichtigsten Ausdrücke zur Wegbeschreibung? Übersetze die folgenden Sätze ins Deutsche bzw. ins Englische.

How do I get to...?	**1.** ______________________
2. ______________________	*Gehe geradeaus.*
It's on the left.	**3.** ______________________
4. ______________________	*Ampel*

BOXENSTOPP

Hey Sportsfreunde, hier sind noch einige Ausdrücke, die man bei Wegbeschreibungen ebenfalls gut gebrauchen kann:

Follow this road.	*Folge dieser Straße.*
Take the first / second (road) on the left.	*Nimm die erste / zweite (Straße) links.*
one-way street	*Einbahnstraße*
dead end	*Sackgasse*

•• Versuche nun, den folgenden Dialog zu vervollständigen. Höre dir dazu den Text auf der CD an und ergänze die fehlenden Wörter.

TR. 8

Simone: (1) ______________ me, Sir. How do I (2) __________ to King's College, please?

Mr Jones: Let's see. Follow Monmouth (3) ______________ until you get to a (4) ______________. Take the (5) ______________ left into Mercer Street. (6) ______________ this street until you get to Long Acre. Take the fifth (7) ______________ into Bow Street. Follow that road (8) ______________ you get to the Strand. Turn (9) ______________ and then the first right. King's College is on your (10) ______________.

Simone: Thank you very much.

Mr Jones: You are welcome.

Wenn du Probleme beim Lesen von Straßenkarten hast, versuche einfach, den Weg gedanklich abzugehen. Manchmal hilft es auch, sich eine Karte in die „Laufrichtung" zu drehen.

••• Du bist als Tourist in London unterwegs und möchtest dir die Stadt genauer ansehen. Leider kennst du dich nicht besonders gut aus und bittest jemanden, dir den Weg zu erklären. Dein Ausgangspunkt ist immer der rote Kreis (●) auf der Waterloo Bridge. Von dort aus führt dich der Sprecher zu vier berühmten Sehenswürdigkeiten. Los geht's.

TR. 9

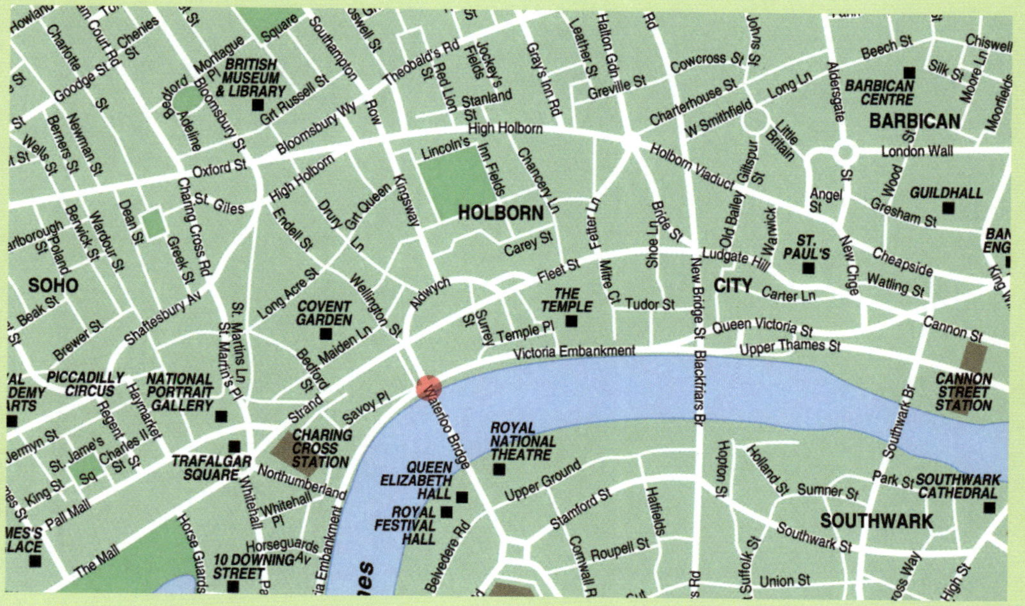

Wo bist du angekommen? Schreibe deine Ziele hier auf und vergleiche sie mit denen im Lösungsschlüssel.

1. ______________________________________.

2. ______________________________________.

3. ______________________________________.

4. ______________________________________.

4 IM RADIO

- Höre dir den Bericht auf der CD genau an und ergänze den folgenden Text.

TR. 10

There are many (1) ________________ radio stations in the United (2) ________________. Most of them are (3) ________________, which means that you can only (4) ________________ them in a certain area. However, some of them are (5) ________________ radio stations – so people all over the country can listen to them. The (6) ________________ is probably BBC Radio. BBC Radio has got many different radio stations, each of them for a (7) ________________ of listeners. These stations include for example Radio 1 to Radio 7 and the BBC (8) ________________ which broadcasts in 32 (9) ________________. Radio 1 is a station for (10) ________________. They have got, as they say, "the (11) ________________ and entertainment" in the country. The music you hear on Radio 1 is mostly house, pop and hip hop.

BOXENSTOPP

Hier findest du einige Wörter, mit denen du die folgenden Texte zur Radio Show auf der CD besser verstehen kannst:

certain	*bestimmte/r/s*	**probably**	*möglicherweise*
however	*jedoch*	**include**	*beinhalten*
broadcast	*senden*	**shiny**	*leuchtend*
by the way	*übrigens*	**quite**	*ziemlich*
FM (frequency modulation)	*(UKW) Frequenzbereich*	**enjoy**	*genießen / gefallen*

- - Höre dir die Moderation der Radioshow auf der CD genau an. Was sagt die Sprecherin? Kannst du die Informationen in der folgenden Tabelle ergänzen?

TR. 11

1. **Radiosender:** ________________
2. **Frequenz:** ________________
3. **Radiosprecher:** ________________
4. **Datum:** ________________
5. **Uhrzeit:** ________________
6. **Stargast:** ________________

•• Die Radiomoderatorin Vanessa Cook unterhält sich mit einem Studiogast. Höre dir das Gespräch aufmerksam an und entscheide dann, ob die folgenden Aussagen richtig oder falsch sind.

TR. 12

	Richtig	Falsch
1. Simon Miller's new song is called *Money*.	☐	☐
2. Simon listens a lot to Radio One when he is at home.	☐	☐
3. Simon does not like Vanessa's show.	☐	☐
4. *Money* is about a woman who has no real friends.	☐	☐
5. *Money* is about people who haven't got any money.	☐	☐
6. Vanessa likes the new song.	☐	☐

••• Hier siehst du eine Karte von Großbritannien, und im Radio läuft gerade der Wetterbericht. Höre gut zu und ergänze anschließend auf der Karte das Wetter für die jeweilige Region, indem du die Temperaturen aufschreibst und die Abbildungen für das Wetter richtig zuordnest.

TR. 13

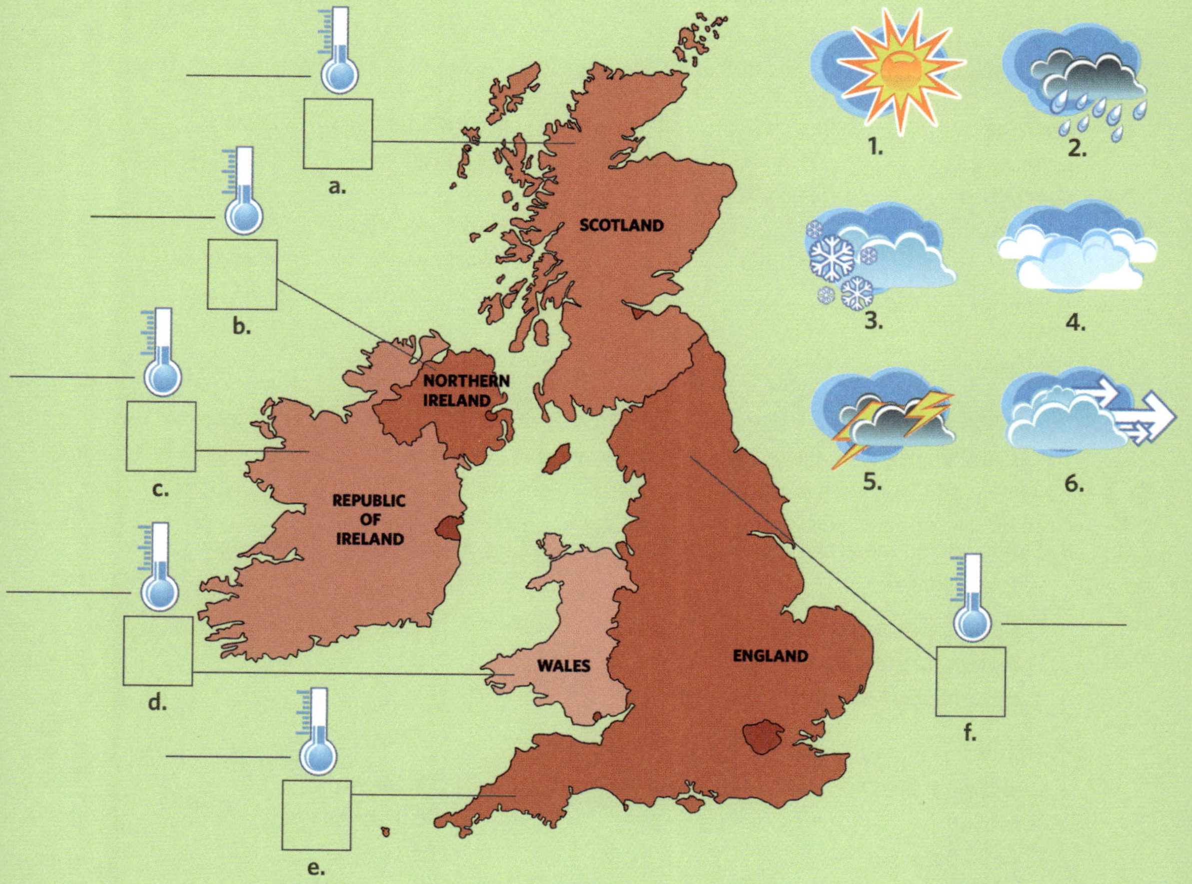

5 BERÜHMTE ORTE

• Auf der CD hörst du einen kurzen Bericht über London. Kannst du die fehlenden Wörter im folgenden Text ergänzen?

TR. 14

London is the (1) ____________ of England and one of the largest (2) ____________ in Europe. It is one of the most (3) ____________ financial centres in the world. Some people in London speak with a (4) ____________ accent, which is called Cockney. People from many (5) ____________ of the world come to visit London every year to see all the famous places, (6) ____________ and theatres. (7) ____________ come to London to see Buckingham Palace, Big Ben or the Houses of Parliament. There is also a place called Chinatown in London. It is located in Soho – which is the name of one part of London. You can find a lot of Chinese restaurants, (8) ____________ and shops there. When you are in Chinatown you feel as if you really were in China.

BOXENSTOPP

Hier sind einige Vokabeln, die dir helfen, die folgenden Texte auf der CD besser zu verstehen.

amazing	*unglaublich / toll*	**pretzel**	*Brezel*
experience	*Erfahrung*	**It's a pity!**	*Das ist schade!*
specialties	*Spezialitäten*	**calm**	*ruhig*
mustard	*Senf*	**view**	*Blick*
plane	*Flugzeug*	**dwarf**	*Zwerg*

•• Simon, Patricia und Lydia haben Urlaub in Europa gemacht. Höre dir an, was sie zu erzählen haben und kreuze dann die jeweils richtige Antwort an. Wenn du dir nicht mehr sicher bist, dann kannst du den Text auch mehrere Male anhören. Los geht's!

TR. 15

1. Simon visited these German towns in the following order:

☐ **a.** Hamburg, Munich, Berlin, Heidelberg
☐ **b.** Hamburg, Berlin, Munich, Heidelberg
☐ **c.** Hamburg, Munich, Heidelberg, Berlin

2. Patricia ____________ Notre Dame de Paris.

☐ **a.** did not like
☐ **b.** liked
☐ **c.** did not visit

3. Lydia went to Rome by ____________.

☐ **a.** plane
☐ **b.** car
☐ **c.** train

4. Who went on holiday with his or her sister?

☐ **a.** Simon
☐ **b.** Patricia
☐ **c.** Lydia

••• Wenn du jetzt noch die folgenden Fragen zu den Urlaubsberichten von Simon, Patricia und Lydia richtig beantworten kannst, dann hast du alles schon sehr gut verstanden. Du kannst aber auch noch einmal reinhören. Viel Spaß!

TR. 15

1. With whom did Simon go on holiday? Give their names, too.

2. When Simon had something to eat in the *Hofbräuhaus* they gave him *Weißwürste* with what?

3. How high is the Eiffel Tower (in metres)?

4. What does *Notre Dame de Paris* mean in English?

5. Lydia went to Rome with whom? Give their names, too.

6. How long did Lydia's trip from London to Rome take by car?

7. Why did Patricia's sister not feel well on the Eiffel Tower?

6 TOMS TRAUMJOB

- Bestimmt hast du dir schon einmal überlegt, was du später gerne werden möchtest. Hier kannst du deine drei Lieblingsberufswünsche aufschreiben – natürlich auf Englisch! Falls du dir mit den Berufsbezeichnungen nicht mehr ganz sicher bist, schlag doch noch einmal im Wortschatzteil nach. Das englische Wort für deinen Traumjob findest du übrigens auch auf **www.pons.eu!**

Meine Traumjobs

1. ______________________
2. ______________________
3. ______________________

BOXENSTOPP

Hier noch ein paar Vokabeln, mit denen du den folgenden Hörtext auf der CD besser verstehst:

paper boy	*Zeitungsjunge*	**It didn't matter.**	*Es war egal.*
fridge	*Kühlschrank*	**extra money**	*zusätzliches Geld*
pay	*Bezahlung*	**GP (general practitioner)**	*Allgemeinarzt*
exciting	*aufregend*	**cold**	*Erkältung*

Versuche beim Anhören von Texten folgendermaßen vorzugehen: Höre dir einen Text zunächst einmal vollständig an und versuche zumindest die grundlegenden Aussagen zu verstehen. Sieh dir anschließend mögliche Fragen zum Text an und behalte diese im Hinterkopf. Wenn du einen Text dann ein zweites Mal hörst, kannst du dir schon Notizen zu den Fragen machen. Es schadet nicht, einen Text mehrere Male anzuhören, ganz im Gegenteil!

•• Tom erzählt dir von seiner Arbeit. Höre gut zu und versuche anschließend, die jeweils richtige Antwort anzukreuzen. Du kannst dir Toms Aussagen ruhig auch ein zweites Mal anhören. Los geht's!

TR. 16

1. Tom worked as a ______________ when he was young.

- ☐ **a.** paper boy
- ☐ **b.** postman
- ☐ **c.** dentist

2. He had to get up at ______________ in the morning.

- ☐ **a.** 4 o'clock
- ☐ **b.** 6 o'clock
- ☐ **c.** 7 o'clock

3. Tom spent most of his money from his first job on ______________.

- ☐ **a.** clothes
- ☐ **b.** CDs
- ☐ **c.** video games

4. Now Tom works as a ______________.

- ☐ **a.** dentist
- ☐ **b.** postman
- ☐ **c.** GP

5. Tom always wanted to be a ______________.

- ☐ **a.** musical star
- ☐ **b.** doctor
- ☐ **c.** paper boy

••• Wenn du jetzt auch noch die folgenden drei Fragen beantworten kannst, dann hast du den Text wirklich gut verstanden. Du darfst Tom aber auch noch einmal zuhören, wenn du möchtest.

TR. 16

1. Why did Tom work as a paper boy?

____

____

2. Why is being a musical star a bit like being a doctor?

____

____

3. Why did Tom want to become a GP?

____

____

Hörverstehen

TEST

Bist du bereit für einen kleinen Hörverstehenstest? Du hast 45 Minuten Zeit um die Aufgaben zu lösen. Für jede richtige Antwort bekommst du einen Punkt.

Notiere deine Startzeit: ______________ Uhr. **Auf die Plätze, fertig, los!**

PUNKTE

Zahlen

TR. 17

Kennst du dich noch mit den Zahlen aus? Hör dir die Zahlen auf der CD an und schreibe sie als Ziffern auf.

1. ______________	**4.** ______________	**7.** ______________
2. ______________	**5.** ______________	**8.** ______________
3. ______________	**6.** ______________	**9.** ______________

TR. 18

Auf der CD hörst du, welche Zutaten Sarah benötigt, um einen Kuchen zu backen. Aber wie viel braucht sie von jeder Zutat? Ergänze die folgende Liste.

10. ______________	g	**flour**
11. ______________	g	**butter**
12. ______________	tsp	**cocoa**
13. ______________	g	**sugar**
14. ______________		**eggs**
15. ______________	ml	**milk**

PUNKTE

Woher kommst du?

TR. 19

Auf der CD hörst du verschiedene Hinweise zu bestimmten Ländern und Sprachen oder Nationalitäten. Wonach wird jeweils gesucht? Schreibe deine Lösungen auf.

1. ______________________________

2. ______________________________

3. ______________________________

4. ______________________________

5. ______________________________

6. ______________________________

7. ______________________________

Ein Besuch in London

PUNKTE

TR. 20

Du stehst am Piccadilly Circus (●) und hast einen Passanten nach dem Weg gefragt. Wo führt er dich hin?

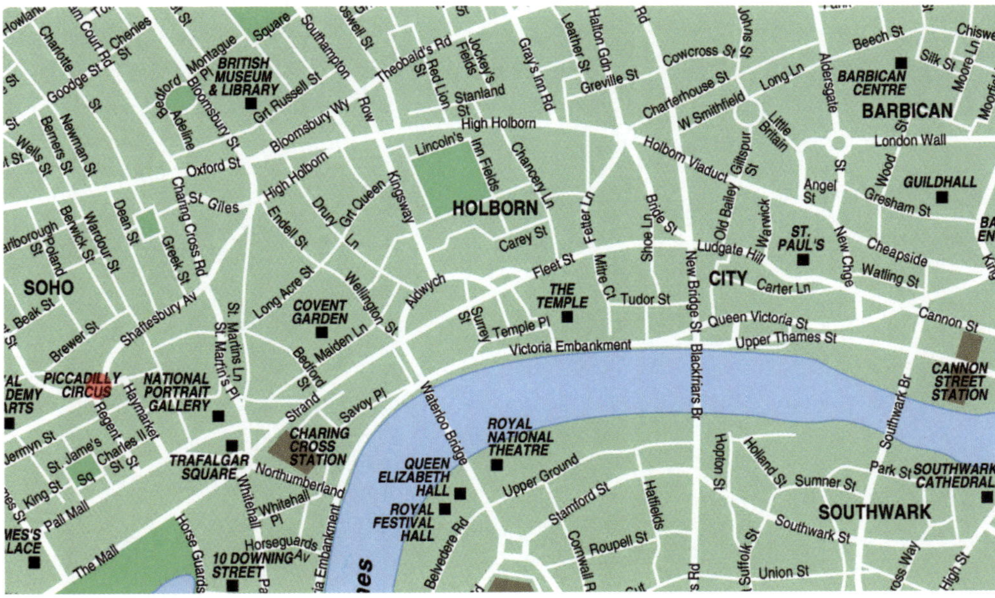

Schreibe auf, wohin dich der Passant geführt hat: ______________________

Hörverstehen

TEST

PUNKTE

TR. 21

Radio Show

Höre dir die Moderation der Radiosendung an und ergänze die folgende Tabelle.

1. Name des Radiosenders: ______________________

2. Frequenz: ______________________

3. Name des Radiosprechers: ______________________

4. Datum: ______________________

5. Uhrzeit: ______________________

6. Name der Show: ______________________

7. Wo ist der Radiosender? ______________________

PUNKTE GESAMT

Geschafft! Vergleiche nun deine Antworten mit dem Lösungsteil auf Seite 118. Für jede richtige Antwort bekommst du einen Punkt. Trage deine Punkte in das dafür vorgesehene Feld bei jeder Aufgabe ein und rechne deine Gesamtpunktzahl aus.

Meine Gesamtpunktzahl: __________ / 30

30 - 25 PUNKTE

Einfach spitze! Beim Hörverstehen kennst du dich bestens aus, du bist ein Hörverstehens-Champion!

24 - 15 PUNKTE

Eine gute Ausgangsposition, um dich noch zu verbessern! Überprüfe noch einmal, wo du Fehler gemacht hast und versuche die Testaufgaben richtig zu lösen.

14 - 0 PUNKTE

Es ist noch kein Meister vom Himmel gefallen! Schau dir am besten die Boxenstopps und Lerntipps noch einmal an und arbeite den Übungsteil erneut durch.

URKUNDE

Herzlichen Glückwunsch! Du hast es geschafft und mit **PONS Super in Englisch 6. Klasse** Buddys Lerntriathlon erfolgreich abgeschlossen. Dafür hast du dir eine Urkunde verdient! Hier kannst du deine Punkte aus den drei großen Tests zusammenzählen:

Grammatik
Übertrage hier deine Punktzahl von Seite 53.

Wortschatz
Übertrage hier deine Punktzahl von Seite 83.

Hörverstehen
Übertrage hier deine Punktzahl von Seite 98.

Summe
Trage hier deine Gesamtpunktzahl ein.

0 | 45 | 90 | 130

0 - 45 PUNKTE

Das war schon ganz gut, aber du kannst das bestimmt besser! Mit etwas mehr Training sind noch mehr Punkte drin!

46 - 90 PUNKTE

Prima! Du hast eine ganze Menge Punkte gesammelt! Hier und da kannst du dich aber bestimmt noch ein bisschen mehr anstrengen, stimmt's?

91 - 130 PUNKTE

Absolute Spitze! Du hast ein super Ergebnis erzielt! Mach weiter so, dann schaffst du auch im nächsten Schuljahr prima Noten!

ANHANG

1

Lösungen

2

Audiotexte

Lösungen

S. 6 - 15

GRAMMATIK

1 DIE SATZSTELLUNG IM ENGLISCHEN

S.6 •

1. Last week (Z) my sister (S) went (V) to Paris (OT).
2. My grandmother (S) is knitting (V).
3. My uncle (S) married (V) my aunt Patty (O) 20 years ago (Z).
4. Tim (S) bought (V) me (O) a flower (O) yesterday (Z).
5. Yesterday (Z) my mother (S) bought (V) a new shirt (O).
6. My mother (S) bought (V) a new shirt (O) in the shop (OT) yesterday (Z).

S.6 Boxenstopp

(Zeit) Subjekt Verb (Objekt) (Ort) (Zeit)

S.7 ••

Erste Übung:

1. Some people never go to church.
2. Carol is reading a book in her room.
3. The Americans celebrate California Day every year.
4. Phillip writes her a little message every day.
   Oder: Every day Phillip writes her a little message.
5. The Millers always go swimming in summer.

Zweite Übung:

1. richtig **2.** falsch - She went to Venice last summer.
3. richtig **4.** falsch - Valerie goes to school every day.

S.7 •••

1. Mary goes to the cinema every Tuesday.
2. Lara and Sophie turned 13 last week.
3. Millie is reading a book in her room at the moment.
4. I never watch TV before 6 o'clock in the evening.

2 DIE ZEITEN

S.8 Boxenstopp

Das Simple Present verwendet man für *regelmäßige Ereignisse* und *nie eintretende Ereignisse.* Hierzu gehören auch Berufsbezeichnungen und Hobbies. Auch *wissenschaftliche Fakten* werden mit dem Simple Present ausgedrückt. Das Present Progressive verwendet man für *gerade ablaufende Ereignisse.*

S.8 ••

1. are speaking **2.** works **3.** is Sandra doing / is repairing **4.** cry **5.** watch **6.** circles

S.9 ••

1. richtig **2.** falsch - I am reading a book.
3. falsch - Water boils at 100 degrees Celsius.
4. richtig **5.** falsch - My mother never waters them.

S.9 •••

1. What are you doing? Are you writing an e-mail?
2. Frank plays football. It's his hobby.
3. Where is Michael? - He is taking his dog for a walk.
4. Susan and Manuel like computer games.
5. Miriam goes to school by bike every morning.
6. The sun rises every day.

S.10 ••

1. has been **2.** have found **3.** have you done / have broken **4.** has lived **5.** have never been
6. have known **7.** has played **8.** have had **9.** Have you ever seen **10.** have not yet finished **11.** has lived

S.11 • •

Erste Übung:

1. since **2.** for **3.** since **4.** since **5.** for **6.** since **7.** since **8.** since **9.** since **10.** for

Zweite Übung:

1. Laura has invited friends from school.

2. She has invited her family.

3. She has not made 2 cakes for the party.

4. She has bought sweets.

5. She has not cleaned her room.

6. She has not thought of little presents for the guests.

7. She has chosen the music for the party.

S.12 • • •

1. I have known Robert for 8 years.

2. My mother has never been to Australia.

3. My mother has not yet been to Australia.

4. What have you done? - I have broken my leg.

5. Look! Mike has finished his picture.

6. We have lived here for ages.

7. The Connors have had this car since 1991.

S.12 •

was / was born / died / married / was / had / got / was / made

S.13 • •

Erste Übung:

1. to go - went **2.** to walk - walked **3.** to talk - talked **4.** to see - saw **5.** to be - was, were **6.** to do - did **7.** to sing - sang **8.** to feel - felt **9.** to say - said **10.** to drink - drank

Zweite Übung:

1. left **2.** wrecked / stranded **3.** tried **4.** was / counted **5.** found / called **6.** taught / converted **7.** taught

S.14 • • •

1. One minute ago it was dark.

2. I got a lot of presents for my birthday yesterday.

3. Mary visited her aunt in New York last week.

4. Daniel Defoe wrote a lot of stories in his life.

5. We went to England last year.

6. We had lunch 20 minutes ago.

7. I had no time yesterday.

8. When he was young, he was very small.

S.14 Boxenstopp

Noch einmal zur Erinnerung: Das *Simple Past* beschreibt Handlungen, die in der Vergangenheit abgeschlossen sind. Das *Present Perfect* beschreibt dagegen Handlungen, die noch Auswirkungen auf die Gegenwart haben, also noch nicht abgeschlossen sind. Auch das *Ergebnis* einer Handlung kann im Present Perfect stehen.

S.15 • •

Erste Übung:

Signalwörter für das Simple Past: last weekend, last holiday, yesterday, in 1891, half an hour ago

Signalwörter für das Present Perfect: (not) yet, ever, never, already, for many years

Zweite Übung:

Signalwörter für das Simple Past: last weekend, last holiday, yesterday, in 1891, half an hour ago

Signalwörter für das Present Perfect: (not) yet, ever, never, already, for many years

Dritte Übung:

Übersetzung Signalwörter Present Perfect: (not) yet - noch nicht, ever - jemals, never - niemals, already - schon, for many years - seit vielen Jahren

Übersetzung Signalwörter Simple Past: last weekend - letztes Wochenende, last holiday - letzten Urlaub, yesterday - gestern, in 1891 - im Jahr 1891, half an hour ago - vor einer halben Stunde

Lösungen

S. 16 - 25

S.16 ••

1. bought **2.** Have you ever watched **3.** have been **4.** has been **5.** washed **6.** have lived **7.** learnt **8.** Have you ever seen **9.** has done **10.** finished **11.** haven't finished **12.** haven't done

S.16 •••

1. Have you ever played golf?

2. John has been ill since Monday.

3. I haven't been there for a long time / ages.

4. I saw him yesterday.

5. I have known Claudia for ages.

6. Three weeks ago we met a nice lady on the underground.

7. I have just had lunch.

S.17 Boxenstopp

Das *Past Progressive* wird mit einer Form von *(to) be* im Simple Past *(was / were)* + **ing**-Form gebildet. Die Verneinung im Past Progressive wird mit *wasn't / weren't* + **ing**-Form gebildet.

S.17 ••

1d, **2b**, **3c**, **4b**, **5a**, **6b**, **7a**, **8d**, **9b**, **10b**

S.18 ••

1. When Martin phoned, we were preparing dinner.

2. It was a wonderful day. The sun was shining, the children were playing.

3. What were you doing at 10 o'clock? - I was helping my brother with his homework.

4. Yesterday Susan was playing table tennis and Jim was playing football.

S.18 •••

1. When I came home my mother was standing in the kitchen, my brother was playing the piano, my father was reading the paper and my granny was cleaning the house.

2. The show started when we were entering the room.

3. What were you doing at seven o'clock? At seven o'clock I was preparing dinner.

4. It was a wonderful party. The guests were dancing, the music was playing and the sun was shining.

S.19 Boxenstopp

Die Zukunft mit *going to* wird für zukünftige Ereignisse verwendet. Ganz besonders für solche Ereignisse, die geplant sind und auf die man selbst Einfluss hat.

Auch für Vorhersagen benutzt man die Zukunft mit *going to*, aber nur wenn es deutliche Anzeichen dafür gibt, dass ein Ereignis auch tatsächlich eintritt. Gebildet wird die Zukunft mit *going to* so:

Simple Present von
to be (am [not] / are [not] / is [not]) + going to + Infinitiv

S.20 ••

Erste Übung:

1. Ich werde alle meine Freunde aus der Schule einladen.

2. Meine Mutter macht mir mein Lieblingsessen.

3. Wir werden so viel Spaß haben.

Zweite Übung:

1. I'm going to sit on that chair.

2. We are going to fly to Brazil next summer.

3. They are going to meet the Queen in London.

4. It is going to rain.

5. He is not going to watch a movie tonight.

6. They are going to sell their car.

7. We are going to have fun.

8. She is not going to go to a concert.

9. This is going to be a nice day.

10. I am not going to buy you this thing.

S.21 ••

1. Are you going to bake cookies for your mother?

2. Is he going to go to Paris next summer?

3. Are we going to spend the rest of the day in this shopping center?

4. Am I going to read all those books until next week?

5. Is she going to water the plants this afternoon?

6. Are they going to play soccer?

7. Is it going to snow soon?

S.21 •••

1. We are going to make pizza tonight.

2. Sally is going to visit her aunt in Mexico in summer.

3. I am not going to go to Sally before 9 o'clock.

4. My father is going to build a swimming pool behind the house.

S.22 •

will be, will be, will appear, will be

S.22 ••

1. will help **2.** will find **3.** will hold

S.23 ••

1. Plan **2.** Vorhersage mit deutlichen Anzeichen
3. Vorhersage **4.** Spontane Entscheidung
5. Vermutung **6.** Vorhersage **7.** Vermutung **8.** Plan

S.23 •••

1. will get **2.** am going to get **3.** will freeze **4.** will be

S.24 •••

1. I hope you will win.

2. We are all going to watch the football game tomorrow.

3. Don't worry about the keys. I'm sure you are going to find them.

4. Sorry, there is no more room for you in my car, Lucy. – No problem, I'll take her with me.

3 *IF*-SÄTZE TYP I

S.24 •

If I win the jackpot, I will buy a new house.

S.25 ••

Erste Übung: **1f**, **2c**, **3e**, **4g**, **5a**, **6d**, **7b**.

Zweite Übung:

1. Your mother will like it if you buy her roses.

2. If you eat those mushrooms, you will / can die.

3. If I see him, I will give him something.

4. We won't / can't / needn't go home if the weather gets better.

5. I won't say hello if I meet her.

6. If you put sugar into it, it will taste sweeter.

7. Sue will / can / must buy a house if she wins the lottery.

Dritte Übung:

1. If I see him, I will greet him.

2. You will win if you play.

3. If he speaks English, I can understand what he says.

4. If I lose it, she will be very angry.

5. You can fix the vase with glue if you break it.

S.26 •••

Erste Übung:

1. If you mow the grass, you will get 10 euros.

2. If you tell any more lies, I will get angry.

3. If you read in bad light, you will ruin your eyes.

4. If you speak slowly, I can understand you.

Zweite Übung:

1. I will get very angry if your dog bites me.

2. If we leave now, we will be there at 4 o'clock.

3. If you eat a lot of sweets, you will get fat.

4. You can save money if you turn the heating off.

4 QUESTION TAGS

S.26 •

1. wasn't it **2.** do you

S.26 Boxenstopp

1. Ist das Verb im Aussagesatz bejaht, dann ist das question tag verneint.

2. Ist das Verb im Aussagesatz verneint, dann ist das question tag bejaht.

S.27 ••

Erste Übung:

1e, **2b**, **3f**, **4a**, **5g**, **6c**, **7d**

Zweite Übung:

1. isn't it **2.** doesn't she **3.** wasn't she **4.** didn't you
5. did you **6.** doesn't he **7.** doesn't she

S.28 ••

1. haven't you / isn't it **2.** wasn't it / isn't it
3. didn't you / don't they

S.28 •••

1. shall we **2.** aren't I **3.** will you **4.** will you
5. shall we **6.** aren't I **7.** will you

5 ADJEKTIVE UND ADVERBIEN

S.29 •

The elephant is taller than the mouse.

S.29 Boxenstopp

1. groß / so groß wie **2.** größer als **3.** am größten

S.30 ••

Erste Übung:

1. more seriously - the most seriously

2. higher - the highest

3. more boring - the most boring

4. more important - the most important

5. bigger - the biggest

6. more peaceful - the most peaceful

7. colder - the coldest

Zweite Übung:

1. Dieses Auto ist teurer als das hier.

2. Marys Haus ist das größte in unserer Stadt.

3. Dein Zimmer sieht sauberer aus, seit du es aufgeräumt hast.

4. Hamburger sind genauso gut wie Cheeseburger.

5. Ein Sofa ist viel bequemer als ein Stuhl.

S.31 •••

1. Lena is younger than Phillip.

2. Juice tastes better than water.

3. Maths is more complicated than English.

4. Mary is taller than John.

5. My grades are worse than your grades.

6. Health is more important than money.

7. Sydney is further / farther away than London.

6 DAS *GERUND* ALS SUBJEKT UND OBJEKT

S.31 •

1. Sally likes dancing.

2. Tom likes playing football.

3. Steven likes collecting stamps.

S.32 Boxenstopp

Das gerund wird aus dem Infinitiv eines Verbs + *-ing* gebildet. Wenn das gerund als Subjekt gebraucht wird, dann steht es meistens am Satzanfang und ihm folgt meistens eine Form von *(to) be*. Vor einem gerund steht im Englischen kein Artikel!

Achtung bei der Schreibung: Konsonanten werden am Wortende oft verdoppelt (*sit* → *sitting*), und ein -*e* am Verbende fällt weg (*like* → *liking*).

S.32 ••

Erste Übung:

1. Subjekt **2.** Objekt **3.** Objekt **4.** Subjekt

Zweite Übung:

1. playing **2.** swimming **3.** being **4.** sitting **5.** stopping **6.** singing **7.** loving **8.** going **9.** doing **10.** riding

S.33 ••

1. Reading books is my hobby.

2. I hate cycling.

3. We all love playing cards.

S.33 •••

1. I hate writing letters.

2. Swimming is fun.

3. Marcy likes dancing.

4. He enjoys watching TV alone / on his own.

7 POSSESSIVPRONOMEN UND POSSESSIVBEGLEITER

S.34 •

"Oh no, it's raining. I have forgotten my umbrella." – "Here, take mine."

S.35 ••

Erste Übung:

1. Possessivbegleiter **2.** Possessivbegleiter
3. Possessivpronomen **4.** Possessivpronomen
5. Possessivbegleiter **6.** Possessivpronomen
7. Possessivbegleiter **8.** Possessivbegleiter
9. Possessivpronomen **10.** Possessivbegleiter

Zweite Übung:

1. These are not my shoes. Mine are black.

2. Sally gave me her umbrella. Mine was at home.

3. Her teacher is nicer than yours.

4. Can I use your phone? Mine is broken.

5. Where are your parents? Hers are over there.

6. Is this my new bike? Yours looks much nicer.

7. Whose are these? Mine or yours?

8. She has finished her tea. Does she want to have mine now?

S.36 •••

1. Conny gave me my book back yesterday.

2. Is this your child? – No, this is my niece.

3. This is my ice cream. You have already eaten yours.

4. Whose bike is this? – It is mine.

5. Is this your laptop or hers? –It's hers.

1

LÖSUNGEN

8 PERSONALPRONOMEN

S.36 •

"I know you, don't I? You are the guy that helped me with my bags. We talked for a while. Do you remember?" - "Yes, of course. I remember you. It was a pleasure to help you."

S.37 ••

Erste Übung:

1. Objektpronomen **2.** Objektpronomen
3. Subjektpronomen **4.** Objektpronomen
5. Subjektpronomen **6.** Objektpronomen
7. Subjektpronomen **8.** Objektpronomen
9. Subjektpronomen **10.** Objektpronomen

Zweite Übung:

1. I have got sandwiches with me.

2. Are you crazy?

3. They are very much in love.

4. She has taken her dog along. Perhaps we can play with it.

5. Tom wrote me an e-mail yesterday. He said that he would like to see me.

6. Can you help me carrying them to the station?

7. They are swimming in a line. Can you see them?

8. This is our son Charles. He is eleven years old. Our daughter's name is Sammy. Charles likes her very much. They often play together. It is nice watching them.

9. Can you give them back to me, please?

10. What is she doing? Are those her kids? I've never seen them together.

S.38 •••

1. She asks them.

2. He sees him.

3. We see us.

4. She loves her.

5. It is empty.

6. They are looking for it.

7. They met us yesterday.

8. Timmy? Are you looking for him?

9. Is he looking for them?

9 PRÄPOSITIONEN

S.39 ••

1. The bird is in the cage.

2. The cat is on the sofa.

3. The mouse is under the bed.

4. The child is in front of the computer.

5. The picture hangs over the bed.

6. The dog sits next to the desk.

S.40 ••

Erste Übung:

1. after **2.** before **3.** behind **4.** on **5.** between
6. into **7.** at

Zweite Übung:

1. by **2.** in front of **3.** into **4.** in - from - until
5. between **6.** at

S.40 •••

1. I go to school by bike.

2. Our house is in front of the church.

3. We go home between 7 and 8 o'clock.

10 RELATIVSÄTZE

S.41 Boxenstopp

Who wird nur für Personen *(Der Mann, der ...)* gebraucht und *which (Die Uhr, die ...)* nur für Gegenstände. *That* kann für beide Fälle verwendet werden. *Whose* wird im Deutschen mit *wessen* oder *dessen/deren* übersetzt *(Die Frau, deren Mann ...)*. Alle Relativpronomen sind im Singular und Plural gleich.

S.42 • •

Erste Übung:

1. who / that **2.** whose **3.** who / that **4.** whose **5.** which / that **6.** which / that **7.** who / that

Zweite Übung:

1. Sally told us a story (which / that) I couldn't believe.

2. Tim has got a dog which / that is black.

3. Harry is a good boy who / that can't tell a lie.

4. We have a nice flat (which / that) I like.

Dritte Übung:

1. that (contact clause) **2.** who **3.** which (contact clause) **4.** that / which (contact clause) **5.** that / which (contact clause)

S.43 • • •

1. I have an aunt who / that lives on a farm.

2. This is the man whose sister has got 5 children.

3. The woman (who / that) I saw was alone.

11 *SOME* UND *ANY* IN AUSSAGEN UND FRAGESÄTZEN

S.43 Boxenstopp

Man benutzt *some* oder *any* im Englischen, um eine unbestimmte Menge oder Anzahl auszudrücken. Übersetzt werden beide Ausdrücke ins Deutsche mit *etwas, ein paar* oder *einige*. *Some* benutzt man in bejahten Sätzen. Bei Fragen und Verneinungen wird dagegen meistens *any* verwendet. *Some* kann jedoch auch bei Fragen verwendet werden, wenn man eine höfliche Bitte *(Can I have some butter, please?)* oder ein höfliches Angebot *(Would you like some tea?)* formuliert.

S.44 • •

Erste Übung:

1. some **2.** any **3.** some **4.** some **5.** some **6.** any **7.** any **8.** any **9.** some **10.** some

Zweite Übung:

1. Sally hasn't got any friends.

2. I cannot see any birds in the sky.

3. Would you like some sugar?

4. Can I have some milk, please?

5. We haven't got any newspapers.

6. Do you know any people from Japan?

7. My father has got some tools in the garage.

S.45 • • •

1. Do you have any advice for me?

2. Could you give me some salt, please?

3. Would you like some sugar?

4. I haven't got any pets.

5. Can you buy some butter?

12 MODALVERBEN

S.45 •

1. Ich kann nicht zu deiner Party kommen.

2. Ich muss meiner Schwester helfen.

3. Sie muss eine Präsentation halten.

4. Wir können uns ein anderes Mal treffen.

5. Du darfst mich nicht zurückrufen.

6. Meine Eltern müssen nicht wissen, dass...

S.46 ••

1. Darf ich diese DVD haben?

2. Du musst nicht mehr sagen.

3. Er darf nicht raus gehen.

4. Kannst du aufstehen?

5. Du darfst diese Tür nicht öffnen.

6. Der Kiwi kann nicht fliegen.

7. Du musst hier nicht länger bleiben.

S.47 ••

1. cannot **2.** can **3.** have to **4.** need not **5.** must not **6.** Can

S.47 •••

1. You must not enter the house.

2. must invite Sarah

3. need not

4. can go

13 ZEICHENSETZUNG

S.48 ••

1. I will ask her what happened to her grandmother, but I think she won't tell me.

2. Henry went shopping. He bought apples, a loaf of bread, a bottle of wine and a toothbrush.

3. If you leave your cat out there, it will die.

4. My mother was talking to my sister while I was upstairs.

5. I went to see my grandmother in Chicago, and my wife visited her friends in Australia.

6. She had a lot of fun and he was bored.

7. If I see him, I will tell him that you want to speak to him.

8. While you were away, someone called on the phone.

9. She met an old man, a lot of Japanese tourists with cameras, and a small child that was looking for its mother.

10. Before she wrote this great novel, no one knew who she was.

S.49 ••

1. Tom said, "Come here!"

2. "If you listen to what the teacher says," my mother said, "you will get good grades."

3. "What's up?" asked Martin.

4. "I want to know," Charles said, "who left the front door open."

5. My aunt asked, "Is there any mail for me today?"

S.49 •••

1. "Who is there?" asked Maria.

2. "It is," he said, "a friend."

3. Verena asked, "Where are you?"

TEST

S.50 Die Zeiten

1. wakes **2.** are playing **3.** have never been **4.** had **5.** was shining / was having **6.** will get **7.** have already paid **8.** went **9.** is going to rain **10.** works

S.50 *If*-Sätze Typ I

1. will go

2. want

3. can buy

4. win

5. If it rains, we can go home.

6. If you put salt in your pudding, you can throw it away.

S.51 *Question Tags*

1. Ist das Verb im Aussagesatz bejaht, dann ist das question tag verneint.

2. Ist das Verb im Aussagesatz verneint, dann ist das question tag bejaht.

3. isn't it

4. was he

5. wasn't he

S.51 Die Steigerung der Adjektive und Adverbien

1. more interesting - the most interesting

2. heavier - the heaviest

3. better - the best

4. thinner - the thinnest

5. further / farther - the furthest / the farthest

S.51 Das *gerund* als Subjekt und Objekt

1. The Millers love having barbecues.

2. Fishing is one of my hobbies.

S.52 Possessivpronomen, Possessivbegleiter und Personalpronomen

1. He sees his father.

2. We have got yours.

3. He gave him his key.

4. You saw her in her flat yesterday.

S.52 *Some* und *any* in Aussagen und Fragesätzen

1. any **2.** some **3.** any **4.** any **5.** some

S.53 Relativsätze mit und ohne Relativpronomen

1. who **2.** which **3.** contact clause **4.** who **5.** whose **6.** who **7.** contact clause

Lösungen

S. 54 - 69

WORTSCHATZ

1 ZAHLEN

S.54 •

one	**three**	**two**	four
two	four	three	**one**
three	one	four	two
four	two	**one**	three

S.55 ••

Erste Übung:

1. twenty-three **2.** forty-four **3.** eighty-seven **4.** thirteen **5.** nineteen **6.** fifty-six **7.** one hundred and one **8.** sixty **9.** nine **10.** one hundred and forty-eight

Zweite Übung:

1. thirty-five **2.** sixty-four **3.** one hundred **4.** eleven **5.** fifty **6.** twelve **7.** twenty-five **8.** eighty-one

S.56 •••

1. first **2.** last but one **3.** thirty-five **4.** nine **5.** first **6.** second **7.** third **8.** last **9.** forty **10.** twenty-five

2 WORTBILDUNG

S.56 • und **S.57 ••**

1. misunderstood - falsch verstehen

2. unmusical - unmusikalisch

3. non-metal - nicht metallisch

4. biweekly - zweiwöchentlich / alle zwei Wochen

5. prepaid - vorbezahlt

6. semiannual - halbjährlich

7. antifreeze - Frostschutz

8. unclouded - unbewölkt

9. misbehave - nicht benehmen

10. monosyllabic - einsilbig

S.58 ••

1. tricolour **2.** semiliquid **3.** mishear **4.** unfinished **5.** preschool **6.** nonsense **7.** anticlockwise **8.** counterweight **9.** bisyllabic **10.** monotonous

S.58 •••

1. semiautomatic **2.** trisyllabic **3.** unbelievable **4.** misinterpret **5.** preheat **6.** semiannual **7.** antifreeze **8.** counterattack **9.** miscalculate

S.59 •

1A, 2V, 3N, 4N, 5A, 6A, 7V, 8N, 9V

S.59 •• und **S.60 ••**

Nomen: warmth (Wärme), freedom (Freiheit), development (Entwicklung)

Adjektive: washable (waschbar), childish (kindisch), frightening (Angst einflößend)

Verben: activate (aktivieren), darken (abdunkeln), simplify (vereinfachen)

S.60 •••

1. light - Licht - lighten - erhellen

2. symbol -Symbol - symbolize - symbolisieren

3. free - frei - freedom - Freiheit

4. emotion - Gefühl - emotionless - gefühlslos

5. organ - Orgel - organist - Organist

6. king - König - kingdom - Königreich

7. sick -krank - sicken - erkranken

8. bore - langweilen - boring - langweilig

9. dark - dunkel - darkness - Dunkelheit

10. feel - fühlen - feeling - Gefühl

S.61 •

1. toothbrush **2.** goldfish, birthday **3.** football, baseball **4.** handbag, bathroom **5.** policeman

S.61 ••

toothbrush (Zahnbürste), goldfish (Goldfisch), birthday (Geburtstag), football (Fußball), baseball (Baseball), handbag (Handtasche), bathroom (Badezimmer), policeman (Polizist)

S.62 ••

1. classroom **2.** strawberry **3.** keyboard **4.** waterfall **5.** sunshine **6.** windmill **7.** fireman **8.** headache **9.** afternoon **10.** flowerpot

S.62 •••

1. skyscraper **2.** blackboard **3.** teapot **4.** handball **5.** butterfly **6.** grandmother **7.** pencil case **8.** toothbrush **9.** grasshopper **10.** houseboat

3 IN DER SCHULE

S.63 •

maths / English / science / music / history / geography / music / French / German / PE

S.64 ••

Waagerecht: rubber, school bus, biro, chalk, desk, glue, timetable, homework

Senkrecht: blackboard, teacher, pupil, pen, book, ruler, pencil case

S.65 •••

1. Sit down, please.

2. Nimm die Kreide.

3. Can you open the window, please?

4. Where is your pencil case?

5. Gehe ins Büro des Direktors.

6. Kannst du bitte die Tür schließen?

7. Wenn du die Antwort weißt, hebe deinen Arm.

8. Mr Hill is ill today.

4 EUROPA

S.65 •

Ländernamen: **1.** France **2.** Italy **3.** Greece **4.** Sweden **5.** Spain **6.** Switzerland **7.** Belgium

Adjektive: **1.** French **2.** Italian **3.** Greek **4.** Swedish **5.** Spanish **6.** Swiss **7.** Belgian

S.66 ••

1. German **2.** Switzerland **3.** Italy **4.** Spanish **5.** French **6.** Norway **7.** Greek **8.** Belgium **9.** Austrian **10.** English **11.** Portugal **12.** Danish **13.** Swedish **14.** Finland

S.67 •••

1. Italian **2.** Turkey **3.** France **4.** England **5.** French **6.** Greece **7.** Austrian **8.** Spanish **9.** English **10.** Switzerland

5 IN DER STADT

S.68 •

1. Altstadt **2.** geradeaus **3.** Ampel **4.** Ausfahrt

S.69 ••

Erste Übung:

stationery: pens, glue, envelopes

confectionery: chocolate bars, jelly bears, chewing gum

dairy products: milk, yogurt, cheese

Zweite Übung:

1e, 2h, 3d, 4f, 5c, 6a, 7b, 8j, 9g, 10i

S.70 •••

Client: Good morning.

Shop assistant: Good morning, Madam. How can I help you?

Client: I'm looking for a pair of trousers.

Shop assistant: Sure, Madam. What size do you take?

Client: I take size 12.

Shop assistant: Here you are, Madam. What do you think?

Client: I think it's too small. I need a bigger size.

Shop assistant: How about these ones here?

Client: These are perfect. I'll take them. How much are they?

Shop assistant: They are on sale. Just £29.90, Madam.

Shop assistant: *(At the cash desk)* That's £29.90 then, Madam.

Client: Here you are.

Shop assistant: Thank you very much. That's 10 pence change for you.

6 FUN TIME

S.70 •

1. LKW **2.** Glühbirne **3.** Armbanduhr
4. schweizerisch **5.** gemischt **6.** Plätzchen
7. in die Hand nehmen **8.** sauer eingelegt **9.** Paprika

S.71 ••

Humpty Dumpty saß auf der Mauer,

Humpty Dumpty fiel von dort herunter,

all des Königs Pferde und all des Königs Männer,

konnten Humpty Dumpty nicht wieder zusammenbauen.

S.72 ••

elementary school (Grundschule)

look out for (pass auf ... auf)

interrupt (unterbrechen)

upset (verwirrt)

shrug one's shoulders (mit den Achseln zucken)

S.72 •••

1. small talk **2.** one in a million **3.** Excuse me
4. too big to ignore

7 DAS WETTER

S.73 •

1. Temperatur **2.** Richtung **3.** North **4.** Northeast
5. Southeast **6.** West

S.74 ••

Wortschlange 1: cloudy, sleet, sunny, shower, forecast, blizzard

Wortschlange 2: lightning, rain, storm, thunder, snow, weather

S.75 ••

London: Low: -10°C High: -2°C

Sheffield: Low: -5°C High: +2°C

Los Angeles: Low: +20°C High: +32°C

Hong Kong: Low: +16°C High: +25°C

8 FAMILIE

S.77 •

1. father **2.** cousin **3.** son **4.** aunt **5.** sister **6.** daughter
7. nephew **8.** uncle **9.** brother **10.** mother

S.78 ••

1. daughter **2.** nephew **3.** aunt **4.** niece **5.** brother
6. son **7.** cousin **8.** mother **9.** grandfather **10.** sister

S.78 •••

1. falsch – My sister's son is my nephew. **2.** richtig **3.** richtig **4.** falsch – The children of my father's brother are my cousins. **5.** falsch – My mother's father is my grandfather. **6.** richtig

9 BERUFE

S.79 •

Berufsbezeichnungen stehen im Englischen mit dem *Simple Present*.

S.79 ••

Waagerecht: bus driver, cleaner, dentist, policeman, secretary, plumber, carpenter, doctor

Senkrecht: hairdresser, waitress, postman, chef, nurse, farmer, teacher

S.80 ••

bus driver (Busfahrer/-in), cleaner (Reinigungskraft), dentist (Zahnarzt/-ärztin), policeman (Polizist), secretary (Sekretär/-in), plumber (Klempner/-in), carpenter (Schreiner/-in), doctor (Arzt/Ärztin), hairdresser (Friseur/-in), waitress (Kellnerin), postman (Postbote), chef (Koch), nurse (Krankenpfleger/-in), farmer (Landwirt/-in), teacher (Lehrer/-in)

S.80 •••

1c, 2i, 3e, 4a, 5g, 6b, 7d, 8j, 9f, 10h

TEST

S.81 Zahlen

1. ninety-six **2.** one hundred and eight **3.** ten

S.81 Präfixe im Englischen

1. unwirklich **2.** missverstehen **3.** einsilbig

S.81 Suffixe im Englischen

1. development **2.** fascination **3.** freedom

S.81 Zusammengesetzte Wörter im Englischen

Zusammengesetzte Wörter nennt man im Englischen *compounds*.

S.81 In der Schule

Monday: **1.** English **2.** German **3.** RE (Religious education) **4.** Music

Tuesday: **5.** Spanish **6.** Geography **7.** Art **8.** PE (Physical education)

S.82 Europa

1. French **2.** Italy **3.** Ireland **4.** Swiss **5.** Spain **6.** Greek **7.** English **8.** Germany

S.82 In der Stadt

1. zebra crossing **2.** roundabout **3.** old part of town **4.** (set of) traffic lights **5.** Go straight on. **6.** Turn left.

S.82 Wetter

1. Northeast **2.** East **3.** South **4.** Southwest **5.** Fahrenheit **6.** 32

S.83 Familie

1. falsch – My sister Joanne and my brother Joe are my siblings. **2.** richtig **3.** richtig **4.** falsch – My sister's son is my nephew. **5.** richtig **6.** falsch – My father's wife is my mother.

S.83 Berufe

1. Simple Present **2.** unbestimmte Artikel **3.** She is a doctor. **4.** dentist **5.** hairdresser **6.** chef

Lösungen

S. 84 - 95

HÖRVERSTEHEN

1 ZAHLEN

S.84 •

1. 14 / **2.** 28 / **3.** 36 / **4.** 93 / **5.** 30 / **6.** 12 / **7.** 99 / **8.** 105 / **9.** 385 / **10.** 513 / **11.** 845 / **12.** 999

S.84 ••

1. 15:30

2. 13:45

3. 15:00

4. 19:20

5. 10:50

6. 10:30

S.85 ••

Erste Übung:

Mike: 9836332 Sarah: 9772564 Frank: 9225758 John: 3472099 Louis: 3477730 Susan: 9783692

Zweite Übung:

1. 325g of flour **2.** 250g of feta cheese **3.** 1550g of beef steaks **4.** 280g of butter **5.** 6 eggs **6.** 130ml of coconut milk **7.** 12 tomatoes **8.** 225g of crème fraîche **9.** 450g of potatoes **10.** 500g of natural yoghurt

S.85 •••

Sarah hat £ 27,58 ausgegeben, also noch £ 2,42 übrig.

2 WOHER KOMMST DU?

S.86 •

1. Belgium **2.** England **3.** France **4.** Spain **5.** Italy **6.** Finland **7.** Greece **8.** Sweden

S.86 ••

1. England **2.** Spain **3.** Germany **4.** Belgium **5.** France **6.** Greece

S.87 •••

1. Marcus, Alex and Nadine **2.** Björn **3.** Alex **4.** Björn and Louis **5.** Nadine

3 EIN BESUCH IN LONDON

S.88 •

1. Wie komme ich nach...?

2. Go straight on.

3. Es befindet sich links.

4. (set of) traffic lights

S.88 ••

1. Excuse **2.** get to **3.** Street **4.** roundabout **5.** third **6.** Follow **7.** right **8.** until **9.** left **10.** right

S.89 •••

1. Covent Garden **2.** Trafalgar Square **3.** St. Paul's Cathedral **4.** British Museum

4 IM RADIO

S.90 •

1. different **2.** Kingdom **3.** regional **4.** listen to **5.** national **6.** biggest one **7.** special group **8.** World Service **9.** languages **10.** young listeners **11.** best music

S.90 ••

1. Radio One **2.** 124.5 FM **3.** Vanessa Cook
4. Monday, the 12th of March **5.** 7:15 in the morning
6. Simon Miller

S.91 ••

1. richtig **2.** falsch – He listens to Radio One when he is on tour. **3.** falsch – Simon likes Vanessa's show.
4. richtig **5.** falsch – *Money* is about people who have got a lot of money. **6.** richtig

S.91 •••

Temperaturen:
Scotland: -2°C
Northern Ireland: +5°C
Northern England: +5°C
Republic of Ireland: +8°C
Wales: 10°C
Southwest England: +12°C

Wetter:
Scotland: snow (**3a**)
Northern Ireland: rainshowers (**2b**)
Republic of Ireland: cloudy (**4c**)
Northern England: sunny (**1f**)
Wales: thunder and lightning (**5d**)
Southwest England: windy (**6e**)

5 BERÜHMTE ORTE

S.92 •

1. capital **2.** cities **3.** important **4.** special
5. different parts **6.** museums **7.** Many people
8. supermarkets

S.92 ••

1a, **2b**, **3b**, **4b**

S.93 •••

1. He went on holiday with two of his friends, Sam and Thomas.
2. He had *Weißwürste* with sweet mustard and pretzels.
3. The Eiffel Tower is 324 metres high.
4. It means *Our Lady of Paris*.
5. She went to Rome with her mother, her father and her two brothers Toby and Michael.
6. It took 27 hours.
7. She could not really look down and she always said that the whole tower was moving.

6 TOMS TRAUMJOB

S.95 ••

1a, **2a**, **3b**, **4c**, **5a**

S.95 •••

1. Tom worked as a paper boy because the pay was good and he got some extra money.
2. Doctors and musical stars both make people happy.
3. He wanted to become a GP because he wanted to help people.

Lösungen

S. 96 - 98

TEST

S.96 Zahlen

1. 28 **2.** 35 **3.** 40 **4.** 104 **5.** 635 **6.** 713 **7.** 67 **8.** 930
9. 72 **10.** 500 **11.** 230 **12.** 2 **13.** 125 **14.** 3 **15.** 150

S.96 Woher kommst du?

1. France **2.** Spanish **3.** Germany **4.** Greek **5.** England
6. Norway **7.** Switzerland

S.97 Ein Besuch in London

Der Passant hat dich zum *British Museum* geführt.

S.98 Radio Show

1. Radio Young

2. 97.9 FM

3. Lisa

4. It's two days before Christmas Eve (22nd December).

5. It's 5:17 in the afternoon.

6. Lisa's World Charts

7. In the capital: London

Audiotexte

2 AUDIOTEXTE

Track 1

1. 14 / **2.** 28 / **3.** 36 / **4.** 93 / **5.** 30 / **6.** 12 / **7.** 99 / **8.** 105 / **9.** 385 / **10.** 513 / **11.** 845 / **12.** 999

Track 2

1. It's half past three.

2. It's a quarter to two.

3. It's three o'clock.

4. It's twenty past seven.

5. It's ten to eleven.

6. It's half past ten.

Track 3

Hanna: Whose number is this? - 9225758?

Jim: Oh, wait. That's Frank's number.

Hanna: Okay. And what about 3477730? Is that Sarah?

Jim: No, that's Louis' number. Sarah's number is 9772564.

Hanna: Ah, okay. And what about 3472099?

Jim: That is John's number. And the last one here, 9783692, that is Susan's number.

Track 4

Okay, let's see if I've got everything on my list. I need 325g of flour, 250g of feta cheese, 1550g of beef steaks, 280g of butter, half a dozen eggs, 130ml of coconut milk, 12 tomatoes, 225g of crème fraîche, 450g of potatoes and 500g of natural yoghurt.

Track 5

Dad: Hi Sarah.

Sarah: Hi Dad.

Dad: Have you got everything?

Sarah: Yes, I think so.

Dad: How much did you spend?

Sarah: Oh, let's see, the flour: 58 pence; feta cheese: 2,38; beef steaks: 15,47; butter: 89 pence; eggs: 1,20; coconut milk: 2,30; tomatoes: 1,99; crème fraîche: 79 pence; potatoes 1,29; natural yoghurt: 69 pence.

Dad: How much is that all together?

Sarah: Hm. Can you tell me?

Track 6

1. Belgian / **2.** English / **3.** French / **4.** Spanish / **5.** Italian / **6.** Finnish / **7.** Greek / **8.** Swedish

Track 7

Hi, I'm Louis. I'm 14 years old and I live in Gleadless, which is near Sheffield. My favourite subjects at school are English and PE. We all wear uniforms at school - so we all look alike. I live together with my parents and my sister Joanna.

Hi. My name is Marta and I'm from a country which is famous for its nice beaches, bullfights and paellas. I have two brothers called Juan and Carlos. I'm 13 years old. My mother and my father are both teachers.

Hello. My name is Marcus and I live in a country which is in the heart of Europe. The town I live in lies near the river Danube. My parents and I live together in a big farmhouse. I'm 13 years old and I have no brothers and sisters.

Hello. I'm Björn. The country I live in lies in the Northeast of Europe. You have probably heard of one thing this country is famous for: waffles. People come from all over the world to try them. I'm 13 years old. I have one brother called Sam. My mother is a housewife and my father works for a bank.

Hi. I'm Nadine and I come from a country in Western Europe. Some people say that the capital of the country I live in is the town where you should go when you are in love. We have a very high tower in our capital, which is visited by many tourists every year. I'm 12 years old. I have no brothers or sisters.

Hello. My name is Alex, or Alexandros. I'm 14. The country I live in is famous for tzatziki and gyros. Our capital is Athens. I live together with my parents and my grandmother in a small flat in Athens. I have no brothers or sisters.

Track 8

Simone: Excuse me, Sir. How do I get to King's College, please?

Mr Jones: Let's see. Follow Monmouth Street until you get to a roundabout. Take the third left into Mercer Street. Follow this street until you get to Long Acre. Take the fifth right into Bow Street. Follow that road until you get to the Strand. Turn left and then the first right. King's College is on your right.

Simone: Thank you very much.

Mr Jones: You are welcome.

Track 9

1. Okay. How do you get there? Well, that's fairly easy. Just go straight on into Wellington Street, and then turn left into Maiden Lane. It's on the right.

2. Oh, let me see. That's very close, too. Go straight on, and then turn left into the Strand. If you go straight on you can already see a large square. You're there!

3. Yes, I know where that is. Go straight on, and then turn right into Fleet Street. You will have to walk straight on again for a while, into Ludgate Hill. You can see it on the left, it's a really impressive building!

4. Oh, that's quite far from here. Okay, go straight on and follow Wellington Street. Walk on into Endell Street and then into Bloomsbury Street. You will then have to turn right into Great Russell Street. You're there, it's on your left!

Track 10

There are many different radio stations in the United Kingdom. Most of them are regional, which means that you can only listen to them in a certain area. However, some of them are national radio stations - so people all over the country can listen to them. The biggest one is probably BBC Radio. BBC Radio has got many different radio stations, each of them for a special group of listeners. These stations include for example Radio 1 - Radio 7 and the BBC World Service, which broadcasts in 32 languages. Radio 1 is a station for young listeners. They have got, as they say, "the best music and entertainment" in the country. The music you hear on Radio 1 is mostly house, pop and hip hop.

Track 11

Good morning everyone on this wonderful new day in Great Britain. It's 7:15 - time to get up now. My name is Vanessa Cook and you are listening to Radio One on 124.5 FM. It is Monday, the 12th of March and today is a very special day. We have got a special guest in the studio, Simon Miller - I'm sure you know who he is: the new star in the pop universe. He will talk to me live in the show this afternoon. Let's start with some music now to get you out of bed. This is Cathy Farlton with her new single *Shiny*. I hope you enjoy this one.

Track 12

Vanessa: We are back here on Radio One. And we have a special guest on the show here today. Simon Miller is in the studio and he will tell us about his new single *Money*. Simon, hi.

Simon: Hi, Vanessa.

Vanessa: Welcome to Radio One and thanks very much for coming here.

Simon: I'm so happy to be here, Vanessa. You know - Radio One is my favourite radio station and I listen to it very often when I'm on tour - when I have got a bit of time. Your show is great by the way.

Vanessa: Thank you, Simon. That is so good to hear. Well, you came here to tell us a bit about your new single *Money*. What is it all about?

Simon: Well, *Money* is about a woman. She is very rich, she has got everything she wants: she goes to parties, meets famous people. She has got a lot of money, she goes on holidays 10 times a year... but there is one thing she hasn't got: real friends. The world she lives in is full of people that have money - and they are only interested in money. They have got diamonds and cars and huge houses, but there is no one she can really talk to. So, her perfect world is not really perfect if you look at it from her perspective.

Vanessa: That sounds like a wonderful new song, Simon. And in fact - it is. Everyone out there: this is Simon Miller's new song *Money* - and we are back in a few minutes. Enjoy.

Track 13

What's the weather like in Great Britain today? Well, we have got snow in Scotland and rain showers in Northern Ireland. It is very cloudy over the Republic of Ireland. Northern England is dry and sunny, there is thunder and lightning in Wales, and there is strong wind in Southwest England coming from the Atlantic Ocean.

Temperatures are not very high today: Only -2 °C in Scotland, 5°C in Northern Ireland and Northern England, 8°C in the Republic of Ireland. It is quite warm in Wales and Southwest England. We have 10° in Wales and 12 in Southwest England.

Track 14

London is the capital of England and one of the largest cities in Europe. It is one of the most important financial centres in the world. Some people in London speak with a special accent, which is called Cockney. People from many different parts of the world come to visit London every year to see all the famous places, museums and theatres. Many people come to London to see Buckingham Palace, Big Ben or the Houses of Parliament. There is also a place called Chinatown in London. It is located in Soho - which is the name of one part of London. You can find a lot of Chinese restaurants, supermarkets and shops there. When you are in Chinatown you feel as if you really were in China.

Track 15

Hi, I'm Simon. Okay, where did I spend my last holidays? Well, my last holiday was last year and I went to Germany with two of my friends, Sam and Thomas, to visit some big towns. First we went to Hamburg, Munich, Berlin and then to Heidelberg. I must say that I liked Munich best. I don't know why but I think that the people in Munich are very, very friendly. But it was not only the people that I liked in Munich. The town itself was amazing. I visited the *Hofbräuhaus*, which is probably the most famous beer hall in the world. We had a very nice evening there. The food was a nice experience, too. We wanted to try the specialties of Munich and they gave us some *Weißwürste* with sweet mustard and pretzels. A great meal. It's a pity that we don't have that in England.

Hello everyone. My name is Patricia. Well, where did I spend my last holiday? That was last month. I went to Paris with my sister Susan. Paris is a wonderful city - very big but with very calm places to just sit down and relax for a moment. We visited a lot of famous places, of course. The Eiffel Tower was on our list as well. We took the stairs to the highest platform - you have a wonderful view from there. The whole tower is 324 metres high. Just amazing. Well, my sister didn't feel well up there. She could not really look down and she always said that the whole tower was moving. So we could not stay up there very long. Notre Dame de Paris, which means Our Lady of Paris, was very nice, too. Such a big church, wow! If you go to Paris, you must visit this church.

I'm Lydia. Well, I went to Rome last summer with my whole family - mother, father and my two brothers Toby and Michael. We went there by car, which was not a very good idea. London - Rome, that was a 27-hour trip. If I go to Rome again, I will go there by plane. That takes just 1 ½ hours. We had a lot of fun in Rome, however. We visited many famous places like Saint Peter's Square and the Colosseum. You feel so small when you are inside the Colosseum. Just like a dwarf.

Track 16

Okay, so now I'm going to tell you about my first job. I got my first job when I was 15 years old - I worked as a paper boy in the town I lived in at that time. It was a hard job and I had to get up really early so that the people had their newspapers by 7 o'clock in the morning, all of them. So I got up at 4 o'clock, got dressed, got something to eat from the fridge and I started. In summer, in winter, whether it was raining or snowing - it didn't matter. And I thought, well, postmen have to work outside everyday as well, so you can do that, too. It was a hard time, but the pay was good. And as a teenager I was happy to get some extra money. My friends spent all their money on video games and clothes, but I spent most of it on CDs.

Well, the job I'm doing at the moment is very different from what I did when I was a child. Now I'm a GP, which is short for general practitioner in a small town. I chose this job because I wanted to help people. Most of the time I think this job is the best job in the world, but very often I feel sorry for the people that come to see me. Some of them are seriously ill and I have to send them to hospital. Yet, most of the people come here because they have got colds - especially in spring and autumn.

Oh, the job of my dreams. Well, as I said - being a GP is what I always wanted to do, but if I had the chance to choose the job of my dreams, then I would say that I would like to be a singer or dancer, maybe a musical star. I think the life of the people that work on the stage is very exciting, a bit like being a doctor. They help people with what they do - they make them happy. Yes, if I had the choice, I would choose to be a musical star.

Track 17

1. 28 / **2.** 35 / **3.** 40 / **4.** 104 / **5.** 635 / **6.** 713 / **7.** 67 / **8.** 930 / **9.** 72

Track 18

Dad: Okay, what do you need for the cake?

Sarah: 500g of flour, 230g of butter,
2 teaspoons of cocoa, 125g of sugar, 3 eggs,
150ml of milk.

Track 19

1. You can visit the Eiffel Tower in this country.

2. People from Spain speak this language.

3. Berlin is the capital of which country?

4. The people in Greece speak which language?

5. Manchester and Sheffield can be visited in which country?

6. Which country is famous for its fjords?

7. This country is famous for its watches.

Track 20

Okay, how can I explain this? Well, go down Shaftesbury Avenue, and then turn left into Charing Cross Road. Then, you have to turn right into Oxford Street and then left again into Bloomsbury Street. Turn right into Great Russell Street, and you're nearly there. The building is on your left.

Track 21

Good afternoon everyone here on Radio Young on 97.9 FM. My name is Lisa. It is 5:17 in the afternoon, two days before Christmas Eve. Don't you like this peaceful atmosphere in the country's capital at this time of the year? You are listening to the best show in the Kingdom: Lisa's World Charts. Well, most of you are going home from work at the moment. Drive carefully - it is snowing heavily out there. To all of you: have a wonderful evening and enjoy the next song. Just for you - the new single by Simon Miller...

Bildnachweis

Seite 89: Stadtplan von London: fotolia.de/ Cartographer

Seite 91: Landkarte UK: fotolia.de/ darknightsky
Wetter-Icons: fotolia.de/ Anna

Seite 97: Stadtplan von London: fotolia.de/ Cartographer

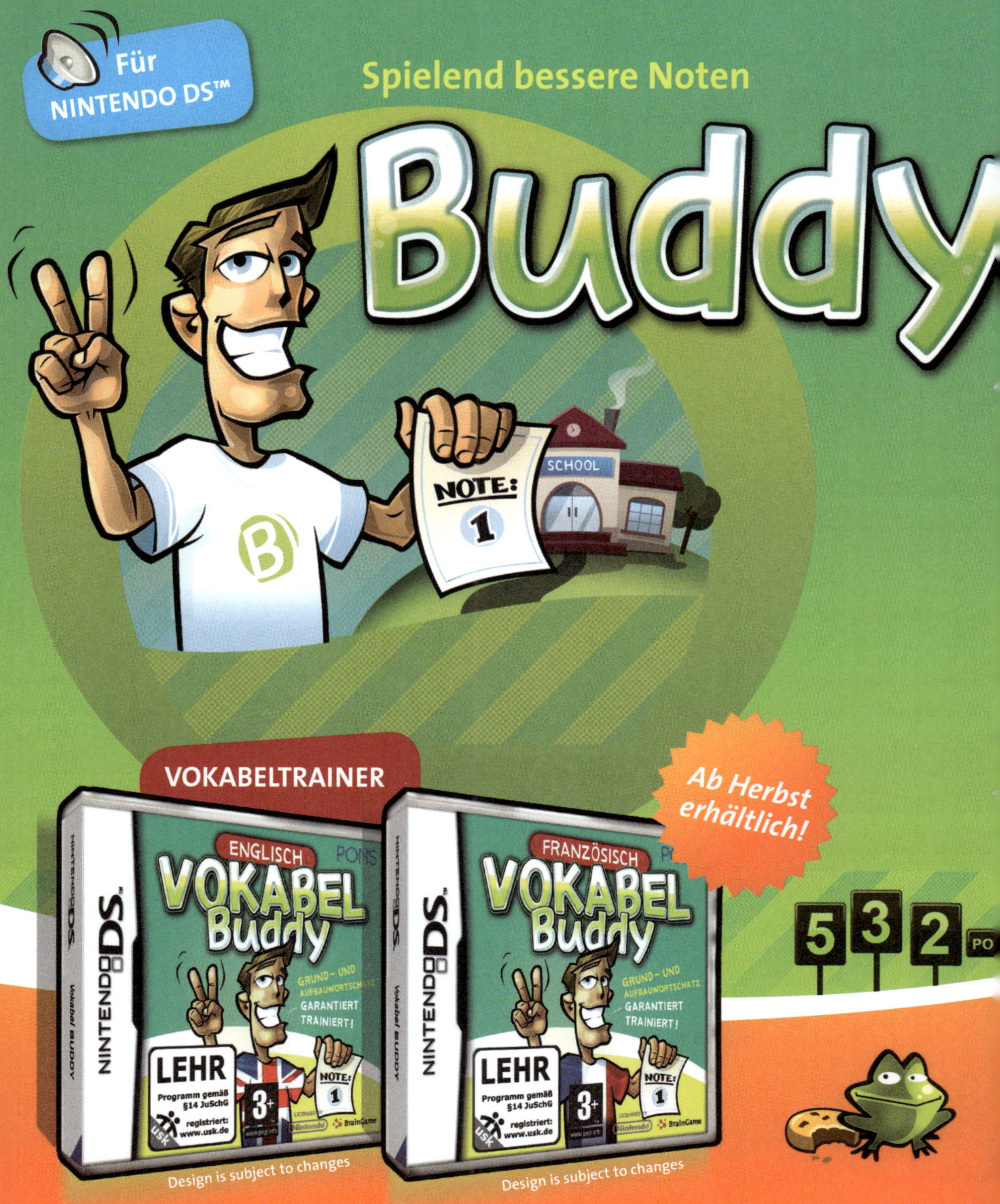

- *Abgestimmt auf die aktuellen Lehrpläne*
- *Kompletter Grund- und Aufbauwortschatz*
- *Übersichtlich nach Themengebieten geordnet*
- *Effektives Training mit Karteikartensystem*
- *Mit Lernfortschrittskontrolle*

BrainGame Erhältlich im Handel und unter www.braingame.de

PONS
…RACHEN
…ARANTIERT
…APIERT
Ausgezeichneter Lernspaß!
ENGLISCH Buddy
„Klasse! So macht Lernen Spaß und ist dabei noch effektiv.“ Fazit: sehr gut
Computer Bild Spiele 1/2009
Comenius EduMedia Siegel
SOFTWARE-PREIS · GIGA-MAUS 2008
Eltern family
fromage
Käse
parts of body
Körperteile
Some people were walking up and down, while others were talking about the delay. Suddenly my phone rang.
Départ
SPRACHTRAINER
ENGLISCH Buddy
FRANZÖSISCH Buddy
SPANISCH Buddy
NINTENDO DS
• Abgestimmt auf die aktuellen Lehrpläne
• Perfekt für die ersten Lernjahre
• Grammatik, Diktat, Wortschatz
• Nützliche Redewendungen & unregelmäßige Verben
• Mit Lernfortschrittskontrolle
NINTENDO DS
TRADEMARKS ARE PROPERTY OF THEIR RESPECTIVE OWNERS. NINTENDO DS IS A TRADEMARK OF NINTENDO.
LEHR Programm gemäß §14 JuSchG registriert: www.usk.de